CRISTINA QUIÑONES

DESNUDANDO
LA MENTE DEL
CONSUMIDOR

*Consumer **insights** en el marketing*

NUEVA
EDICIÓN

Con 11 casos aplicados

PAIDÓS EMPRESA

Consumer
Truth

Insights
con calle

Obra editada en colaboración con Editorial Planeta – Perú

Desnudando la mente del consumidor
Consumer insights en el marketing
© 2023, Cristina Quiñones Dávila

Corrección de estilo: Jorge Giraldo
Diseño de portada: Moisés Díaz Bruno
Diseño de interiores: Susana Tejada López

© 2023, Editorial Planeta Perú S. A. – Lima, Perú

Derechos reservados

© 2024, Ediciones Culturales Paidós, S.A. de C.V.
Bajo el sello editorial PAIDÓS M.R.
Avenida Presidente Masarik núm. 111,
Piso 2, Polanco V Sección, Miguel Hidalgo
C.P. 11560, Ciudad de México
www.planetadelibros.com.mx

Tercera edición impresa en Perú: noviembre del 2023
ISBN: 978-612-4327-60-5

Primera edición impresa en México: abril de 2024
ISBN: 978-607-569-708-6

Impreso en los talleres de Impregráfica Digital, S.A. de C.V.
Av. Coyoacán 100-D, Valle Norte, Benito Juárez
Ciudad De Mexico, C.P. 03103
Impreso en México - *Printed in Mexico*

ÍNDICE

PARTE II
LOS *CONSUMER INSIGHTS* COMO INSUMOS PARA LA PLANIFICACIÓN ESTRATÉGICA DE MARCA

PARTE III
TIPOS DE *INSIGHTS* Y SU APLICACIÓN
EN LA ESTRATEGIA DE MARCA

*A Carlos, a mis padres, a mi hermano,
a Alex y a mi familia, porque son lo
más importante y valioso para mí.
Pero también a mis alumnos, clientes
y colegas, que siempre han estado allí
para alentarme a escribir, compartir
y celebrar los* insights *de mi vida.*

Agradecimientos

Este libro es producto del esfuerzo colectivo de muchas personas que con su trabajo, ideas, esfuerzo o aliento contribuyeron a su gestación final.

Quiero agradecer en especial a Marlene Chocce, psicóloga social e *insight leader* de Consumer Truth, cuya energía, esfuerzo y pasión por los *insights* me llevaron a escribir este libro y reeditarlo. Sin su colaboración y sin sus ideas, esta obra no hubiera sido posible. Marlene, eres formalmente la coautora de este libro, y lo sabes. Gracias por impulsarme y creer en mí.

Gracias también a Editorial Planeta por confiar en este pechito *insighter* y en su obra. Siempre estuvieron detrás de mí para que pudiera compartir y entregar mis avances (¡algo que nunca hacía a tiempo!). Te agradezco, María Fernanda, por tu gentileza y compromiso.

Agradezco también a todos mis alumnos de pregrado, posgrado, clases virtuales, *insight labs* y todos los *workshops*, conferencias y demás espacios académicos de mi vida. Sin ustedes, muchachos, no hubiera podido compartir, ni mucho menos motivarme a seguir escribiendo. Siempre me preguntaban: «Cristina, ¿para cuándo el siguiente libro?», y yo solía decir: «Cuando me nazca del corazón o de las entrañas». En seguida venía a mi estómago un fuerte sentido de impulso y a mi mente un fuerte sentido de propósito. La combinación feroz…, la combinación letal. Y aquí me tienen, reeditando este, mi primer libro, mi primer amor… literario.

Quiero también agradecer a todos mis clientes, cuyo aliento constante, relación profesional de respeto y compromiso mutuo, me alentaron a seguir compartiendo en este camino de los *insights* con calle. Cada vez que me encomendaron un reto o desafío empresarial no solo alentaban mi labor y la del equipo, sino que me enseñaron mucho con cada *feedback* o intercambio de opinión. Con el tiempo, muchos de ellos se han convertido en amigos, colegas y mentores. ¡Gracias por eso, gracias por tanto!

A mi equipo de *insighters* en Consumer Truth, cuyo aliento constante y pasión fueron determinantes para que pudiera destinar horas, tiempo y energía en escribir. Además, ellos han sido un constante recordatorio de mi deber profesional: la docencia (lo cual incluye para mí escribir, compartir y enseñar).

A mis padres, Vilma y Oscar, ya que sin su ejemplo este pechito *insighter* no estaría aquí ni existiría profesional o humanamente.

A Vilma Dávila, artista plástica y fiel creyente de que las emociones pueden mover el mundo. A Oscar Quiñones, ajedrecista profesional y cinco veces campeón nacional de ajedrez; gracias, papá, por enseñarme lo que sé sobre estrategia, sobre estudiar al rival —pero respetándolo—, sobre entender las jugadas del otro y adelantarse a lo que pudiera pasar. Ustedes, junto con Carlos, son los mejores *insighters* de mi vida.

Gracias a todos los que están leyendo o releyendo esta obra. Me hace muy feliz poder compartirles lo que soy, porque cada página que leerán aquí tiene un poco de mí, de esta *insighter*. Cada capítulo es una experiencia de vida puesta en imágenes mentales o lecciones. Cada caso o experiencia es un pedazo de mi vida construyéndose profesionalmente. Gracias por ayudarme a sanar; sí, porque para mí, escribir es sanar.

A la comunidad *insighter* en Latinoamérica, llena de profesionales, estudiantes, almas inquietas y curiosas que me siguen y alientan desde las redes sociales, la tribuna académica, las aulas de clase, los eventos y conferencias de *marketing* o innovación, y a todos aquellos que encontraron alguna vez algún sentido en las palabras o visión de esta *insighter*. Gracias por señalarme el camino y motivarme a seguir compartiéndolo.

A Rolando Arellano, Atilio Ghio, Krishna Muro y a todos mis profesores, quienes fueron mis mentores profesionales y docentes en la escuela de la vida. Gracias por enseñarme el camino profesional y hacerlo más suave para mí.

Finalmente, gracias, Carlos, por tu amor, por tu compromiso y por acompañarme en las aventuras profesionales y de vida.

A todos los que no he alcanzado a nombrar, pero saben que estuvieron allí, muchas gracias. Espero que este libro pueda inspirar un poquito su trabajo y hacerlos pensar más en las personas, a las que nos debemos, y que son el fundamento de cualquier estrategia de vida o de *marketing*.

Prólogo

Desde el comprador hacia el consumidor: desde los economistas norteamericanos que sentaron las bases del mercadeo, hasta las mujeres que derribaron estas estructuras

Cuando en la década del 60 del siglo pasado, Jerome McCarthy (contador) ajustó las famosas 4P (producto, precio, plaza y promoción/publicidad) de Neil Borden (economista), el mercadeo quedó un poco atrapado entre dos dilemas: ahora existía una mezcla de mercadeo que se debía usar y era como «una receta a seguir», y, por otro lado, el mercadeo se centraba en el mercado, las ventas y, claramente, los precios y los costos.

El primer dilema hace que las personas insertas en el mercadeo piensen menos, y el segundo coloca al mercadeo en una dimensión netamente monetaria, situación que ha ido evolucionando a partir de las propuestas de Philipp Kotler, destacado economista, quien desarrolló una teoría de administración de mercadeo, que claramente apuntaba a consolidar los dos dilemas: la receta y el foco de mercadeo y el precio.

En este marco conceptual, muchos profesionales del mercadeo han sido formados en el mundo entero, pese a las palabras del economista Teodore Levitt, en su inigualable artículo «La miopía del mercadeo», publicado en 1960 en el *Harvard Business Review*, donde sienta las bases a la solución de ambos dilemas. Primero, no puede haber recetas, ya que eso significa concentrarse en la solución del problema; y segundo, no debe haber un enfoque en el proceso del mercadeo, sino a la necesidad del consumidor. En pocas palabras: «No se enamore de la solución, sino del problema».

Esta tensión académica y aburrida que acabo de narrar, entre economistas y contadores norteamericanos de los siglos XIX y XX, debería haber sido superada hace mucho, pero desafortunadamente aún tiene muchos seguidores. Afortunadamente, para muchos de nosotros, el mercadeo ha contado con diversos autores que han revolucionado profundamente la manera de entender el mercado. Para fortuna nuestra, algunos de estos autores son mujeres.

Si bien la economía comportamental comenzó a gestarse en la década del 70 del siglo pasado, gracias a los trabajos de Daniel Kahneman y Richard Thaler, recién ahora vemos un retorno a la comprensión del ser humano como el centro del problema de investigación y de cómo sus acciones son las que definen los mercados, y no al contrario, como lo planteaba hace siglos Adam Smith.

Vemos que la palabra «consumidor» no es nueva en la literatura en español. Según lo que se puede indagar en Ngram (Google), es un término que se usa desde 1800 y que cada vez toma más importancia, superando al término «mercadeo» en 1960, término más usado en libros de habla hispana. Esto no es un tema menor, ya que este debate se da en el plano de los documentos en inglés, y el hecho de que llegue a nuestra lengua es un hito impresionante.

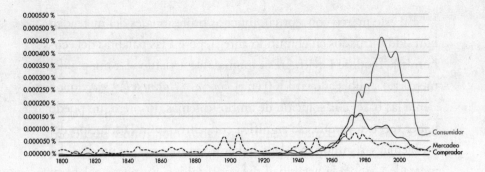

Si bien muy pocos se sienten cómodos con una realidad en la que el consumidor es más importante que el mercadeo, y en la que los sicólogos son más relevantes que los economistas, ahora llega hasta nosotros una revolución inevitable: las autoras. Las mujeres poseen una sensibilidad diferente a la de los hombres. Y sobre esto no existe discusión. Esto ha permitido no solo una mejor comprensión del momento de compra y de los rituales de consumo, sino de la interacción entre hombres y mujeres en un mundo que cada vez más igualitario.

Hablemos de autoras que han transformado la visión del mercadeo y han puesto al consumidor en el centro del debate, que van desde Johanna Blakey, importante comunicadora, hasta Sheena Iyengar, destacada economista, quienes han aportado ideas, conceptos, definiciones y metodologías, que han permitido que el mercadeo sea más una satisfacción que una mera transacción.

Esto nos lleva de nuevo a nuestra realidad en Latinoamérica: son pocos los autores y autoras que han entrado al debate del mercadeo, del consumidor, de las metodologías y las definiciones, pese a que sabemos que el mercadeo en la región es muy diferente al de los países desarrollados, ya que tenemos un bajo nivel de ingreso, alta informalidad, un enorme poder de las marcas locales, una baja producción de productos de alta tecnología, entre otros.

Me he esforzado mucho al escribir este texto para evitar palabras en inglés, porque creo que la traducción de la palabra *marketing* como 'mercadeo' es muy limitada. Marketing, en su traducción literal, es 'la activación del mercado', y mercadeo va mucho más allá de eso. A todo esto debemos sumar que en Latinoamérica los conceptos son diferentes, tienen otro sabor, olor, tono y ejecución.

Por eso esta segunda edición del libro de Cristina Quiñones es una batalla reciente contra todas las revoluciones juntas: no es un libro de economía, sino de sicología; no es de mercado, sino del consumidor; no es un texto escrito por un hombre, sino por una mujer, que además es investigadora, profesora, conferencista y directiva, que tiene experiencias reales sobre Latinoamérica, y que ha desarrollado metodologías y conceptos para la región y para el mundo.

Cristina Quiñones es una líder regional en entendimiento y conocimiento del consumidor, que ha tenido la generosidad de compartir sus ideas, reflexiones, métodos y experiencias. Desafortunadamente, como mujer, se encuentra un poco sola en la región, pero esto les sucede a las almas líderes e innovadoras, que no necesitan demasiado para cambiar al mundo, sino que abren el camino y lideran la transformación por sí solas.

Escribir no es fácil; compartir, tampoco; aportar, menos, e impactar la frontera del conocimiento es casi un imposible que Cristina ya ha logrado.

Conocí la primera versión de este libro en 2013, cuando llegaba al mercado con la humildad de un libro académico desde Perú para el mundo, y hoy sabemos que cruzó las fronteras y es citado por cientos de académicos en la región, entre los que orgullosamente me incluyo.

Desnudar la mente del consumidor es un acto de humildad, ya que implica tener un enorme respeto por el consumidor, así como la paciencia de buscar las preguntas correctas y la grandeza de aceptar las respuestas. Hacer mercadeo no es producir lo que sabemos hacer, sino producir lo que el consumidor necesita para satisfacer sus necesidades, y esto requiere disciplina de estudio, rigor, método y pisar la calle, como bien nos recuerda Cristina, continuamente.

Usted tiene en sus manos la consecuencia de una revolución que lleva más de sesenta años; una revolución en la que el consumidor superó al mercadeo; la sicología, a la economía tradicional; las mujeres, a los hombres.

Este libro es sobre todo una guía, más no la verdad revelada. Aporta herramientas que se pueden usar, más no impone una receta. Plantea definiciones, actualizándolas y dejando la puerta abierta para continuar cambiándolas. Más que un manual, es un mapa interactivo, como un Waze que le ayudará a llegar del lado del desconocimiento de su consumidor, hasta la comprensión, empatía y compromiso con el mismo, donde inevitablemente habrá que recalcular muchas veces el camino, como lo hace la aplicación, porque siempre sabemos de dónde partimos, pero rara vez sabemos a dónde llegaremos en la comprensión de las necesidades de las personas, sus rituales de compra y consumo; mucho menos sabemos sobre aquellas cosas que se deben revelar frente a nosotros (*#insights*), al desnudar al consumidor.

Camilo Herrera Mora
Fundador de Consumer Knowledge Group

Prólogo

Un viaje a la profundidad

Mientras el mundo observa los inmensos cambios en el ámbito empresarial, derivados de las máquinas inteligentes, las grandes bases de datos y los métodos de intercambio de la información, en paralelo se da una revolución similar casi en sentido inverso: la de la importancia de conocer cuán profundo es el comportamiento humano para generar productividad y crecimiento. Y es en esta revolución paralela donde se insertan los trabajos de Cristina Quiñones relacionados con los *insights*.

El caso más claro en este viaje profundo es ver cómo luego de siglos defendiendo sus modelos sobre el comportamiento racional en las actividades económicas, los economistas empezaron a ver que los sujetos también pueden ser irracionales. Así, ciento cincuenta años después de los hallazgos de Freud y sus colegas, con la llamada «economía del comportamiento», o *behavioral economics*, los economistas han ganado premios nobel por mostrar que el inconsciente sí juega un rol en las decisiones de elección.

Por otro lado, muchos administradores y especialistas en *marketing* han descubierto que la psicología puede ayudar a entender mejor el funcionamiento de las actividades de compra y consumo; así, bajo el nombre de «neuromarketing», los especialistas han tratado de entender los arcanos de la mente humana. Cada vez más psicólogos han entendido la inmensa utilidad que su disciplina tiene en el mundo productivo, y han empezado a involucrarse más en la llamada «psicología del consumo», área de trabajo que hasta hace unos años era vista como una derivación poco prestigiosa de la psicología clínica y social.

En ese sentido, el tema de los *insights* que Cristina trata en este libro es, sin duda, un aporte más en ese camino de regresar a la profundidad de la mente, el cual que permite avanzar con más fuerza en su comprensión. Cristina nos acerca al tema desde tres vertientes. Una, teórica, en la que entender qué son y para qué sirven los *insights* sigue siendo un proceso, y es necesaria para tener una base formal sobre la cual actuar. La segunda vertiente es la de la metodología de aplicación, mediante la cual se plantean las diversas maneras en que se pueden encontrar y procesar los *insights*, yendo desde las más clásicas técnicas proyectivas hasta otras mucho más elaboradas. Ambas enlazan en este punto con la tercera vertiente: la de los ejemplos. Es aquí, mediante decenas de ejemplos sobre para qué sirven los gimnasios, por qué la gente aprende inglés o qué significa compartir un pan, que se aclara todo aquello que a algunos podría parecerle confuso. Aquí, los diversos nombres que se les da —revelación, epifanía, serendipia, epifanía o, simplemente, ¡ajá!— se aclaran, y el lector adquiere el *insight* de lo que este en sí significa.

No puedo dejar de señalar que en este libro se nota la madurez de aquella Cristina que conocí hace algunos años, cuando, ya diplomada en Publicidad y habiendo terminado la carrera de Psicología, fue mi asistente en Arellano, y quien luego se graduó de MBA con una tesis llena de *insights* sobre el nacionalismo de consumo de los peruanos. Esa mezcla de publicista, psicóloga y administradora (además de mujer, cuya descripción ella hace en las páginas 27-28 de este libro y que espero que el lector descubra), que contribuye inmensamente a la riqueza de este trabajo.

Recomiendo hacer con este libro una parte del tan necesario viaje a la profundidad del comportamiento humano, y encontrar allí maneras creativas de mejorar el servicio que las empresas dan a la sociedad.

Rolando Arellano Cueva

PARTE I

LOS *CONSUMER INSIGHTS* COMO FILOSOFÍA

Introducción

Es difícil ser una mujer; tienes que pensar como
un hombre, actuar como una dama, aparentar ser
una pequeña niña y trabajar como un caballo.
CRISTINA QUIÑONES

Desnudando mi propia mente

No es posible desnudar la mente del consumidor si no desnudamos
primero nuestra propia mente: esta es la filosofía que dio origen a
este libro. Por eso en estas primeras líneas deseo desnudar mi mente,
y, con ella, mi historia alrededor del mundo de los *consumer insights*.

Soy producto de la mezcla entre un ajedrecista y una pintora, es
decir, de la racionalidad y la emoción. Esta continua ambivalencia o
dualidad ha marcado mi derrotero profesional. Estudié Publicidad
como primera carrera luego de haber estudiado letras en la universidad durante algunos años, sin poder definirme entre Historia,
Sociología o Comunicaciones. Tanto en la carrera de Publicidad,
como en mis prácticas en una agencia, descubrí el gran valor y aporte
del conocimiento del consumidor en la estrategia publicitaria. El
valor de un *brief* creativo con contenido *insightful* y apalancado

en investigación. Ello me llevó a estudiar Psicología Social como segunda carrera (enfocándome en la psicología del consumidor) en la Pontificia Universidad Católica del Perú. Fue la mejor decisión que pude tomar. De pronto sentí que ambas pasiones, psicología y publicidad, se retroalimentaban.

A mí siempre me ha fascinado entender por qué los seres humanos preferimos un color y no otro en un tarro de leche; por qué escogíamos un canal de televisión, pero hacíamos *zapping* con los otros; por qué amanecíamos con Kellogg's y nos acostábamos con Cafetal; por qué teníamos en Inca Kola y leche Gloria a nuestros más fervientes amigos y compañeros de casa; y en Red Bull y Axe a nuestros «calentones» compañeros de fiesta. Estas preguntas tenían, para mí, igual validez que saber acerca del comportamiento de procrastinación, ansiedad de género, estrés inhibidor y otros aspectos interesantes del comportamiento humano que estudié en la Facultad de Psicología.

Recuerdo que cuando estaba estudiando Psicología Social no me sentía muy a gusto del todo con la teoría psicológica, pero sí con la práctica (yo venía de trabajar en publicidad y, en ese momento, no me interesaban mucho los fundamentos psicológicos del comportamiento, sino cómo emplear los conocimientos psicológicos para entender los fenómenos de persuasión publicitaria, convencimiento o influencia). Luego descubrí el tremendo valor del entendimiento humano y empecé a interesarme mucho más en la psicología; es entonces cuando decidí que eso era lo que quería ser: una psicóloga del consumo, y de alguna manera, combinarlo con mi rol como publicista. Este giro en mi carrera aportó a mi creciente pasión por la respuesta de consumo y el impacto de las marcas en las vidas de las personas.

Estuve trabajando en consultoras de investigación y *marketing* hasta que tuve la oportunidad de ingresar a Kraft Foods Perú como gerente de *consumer insights*, donde tuve la responsabilidad de contribuir al planeamiento de las marcas basado en *insights*, tendencias y estudios estratégicos del consumidor. Tuve que realizar mucho trabajo prospectivo, de tendencias, *insights*, etnografías y *workshops* de sensibilización del consumidor para los ejecutivos de *marketing* y comunicaciones al interior de la compañía Living as a Consumer.

Todo ello me permitió ver un ángulo que yo no había visto con el enfoque tradicional de la investigación, un ángulo que se acomodaba mejor a mi perfil más publicitario y creativo, por lo tanto, me enamoré del tema de *insights*. Cuando renuncié, me dije: «¡Wow, esto es lo que yo quiero hacer!». Tenía claro que quería seguir siendo *insighter*. Así, me animé a escribir el blog *Consumer Insights* en el 2008, que posteriormente se traduciría en una consultora especializada llamada Consumer Truth (www.consumer-truth.com.pe) y, por supuesto, en este libro. Empecé escribiendo sobre *consumer insights*, y sin querer terminé construyendo un espacio empresarial y académico en el tema. Este libro es, de alguna manera, un producto de esa evolución.

En general, la experiencia que he tenido como publicista y psicóloga me ha llevado a comprender que, en verdad, ambas disciplinas son mucho más complementarias de lo que pensamos. Como publicistas debemos generar mensajes e ideas creativas basadas en un planeamiento estratégico alimentado por saber quién es el consumidor, quién es la competencia, cuál es el contexto o cultura que rodea el consumo; y como psicólogos debemos entender el efecto que tienen en los actos de compra o preferencias de marcas las variables de personalidad, valores, actitudes y motivaciones.

Por eso creo que el gran aporte de la psicología a la publicidad es la posibilidad de analizar y de intuir las verdaderas razones del consumo: los *insights* del consumidor. En tal sentido, me parece que las ciencias sociales y humanas (psicología, antropología, sociología, economía y comunicaciones) deberían convertirse en áreas de mayor profundización por parte de los *planners* y estrategas de *marketing* y publicidad.

Hoy me siento una apasionada *insighter* que cree en una estrategia de marcas basada en una investigación creativa de la mente del consumidor, y en organizaciones fuertemente asentadas en el conocimiento de la sociedad y la cultura. Creo que las empresas deben «conectar» más que «vender», y que la mejor forma de hacerlo es revelando las verdades humanas (*insights*) y traduciéndolas en la estrategia de marca.

Espero que los siguientes capítulos del libro puedan llevarlos por este viaje a través de la mente, el corazón y el alma del consumidor, el cual tuve la oportunidad de experimentar y que quisiera compartir con ustedes. Encontrarán una fuente privilegiada de estrategias de *marketing* y publicidad que «conectan» y no solo «venden»; que gestan «relaciones» y no solo «transacciones», y que, sobre todo, humanizan el rol de las marcas y del *marketing*.

INSIGHTS

● Consumer
Truth Insights con calle

1 Desnudar la propia mente

2 Un verdadero insight sorprende

3 Se trata de personas, no solo de estadísticas

4 El insight del consumidor no basta

5 Más que reventarlo, ¡hay que accionarlo!

INSIGHTS

Gráfico 1. Mi visión del *insight* en resumen

Solo un pequeño *warning* a los lectores: ¡Desnuden su mente!

- Este libro es la visión de una publicista que cree en el planeamiento estratégico basado en personas, y la de una psicóloga del consumo que cree en la estrategia de marca *insightful*. Es una visión personal del *insight* basada en mi experiencia en «ambos lados del escritorio». El *insight* puede tener muchas miradas; esta es solo una de ellas.
- Nada de lo contenido en este libro es una verdad absoluta, porque cuando hablamos de *insights*, hablamos de miradas o interpretaciones de la realidad.
- En primer lugar, este libro no pretende ser un manual para encontrar *insights* ni recetas porque estas no existen, y porque creo en un método activo, dinámico, ecléctico, híbrido y cambiante (esas son las malas noticias). Este libro propone ciertos marcos de referencia o acción.
- Las clasificaciones de *insight*, técnicas y herramientas aquí plasmadas son producto de muchos años de experiencia observando, escuchando y sintiendo a la gente.
- Este es un libro en permanente reinvención. Es una visión actualizada hasta el 2023, y posiblemente pueda cambiar en adelante con los avances de la tecnología, los métodos, el planeamiento publicitario y la industria del *marketing*, así como por la propia evolución profesional/empresarial en general.
- El libro contiene gráficos e ilustraciones para los casos, así como ejemplos que iluminan el concepto y evolución del *insight*.
- Este libro se ha construido también con el aporte de diversos autores, literatura y fuentes digitales en general. Las «inteligencias colectivas» han sido claves en este trabajo; desde aquí, mi agradecimiento a ellas.

- Este libro empezó con un blog y con una bitácora digital personal que fue alimentándose poco a poco con los propios lectores (www.consumer-insights.blogspot.com), así como con los seguidores en Twitter, Facebook, TikTok y YouTube. A la comunidad de *insighters*, como me gusta llamarla, muchas gracias; han sido el motor y motivo de este libro.

- Este libro no tiene final, pues este lo escribirá usted cuando decida aplicar todo lo expresado en su propia estrategia de marca. Si algo de lo escrito en este libro sirve para inspirar al menos un *insight* y gatillar una idea, me daré por satisfecha.

CAPÍTULO 1

INSIGHTS QUE DESNUDAN NUESTRA MENTE Y LA DE NUESTROS CONSUMIDORES

La ciencia moderna aún no ha producido un medicamento tranquilizador tan eficaz como lo son unas pocas palabras bondadosas.

SIGMUND FREUD

Los *insights* ven a los consumidores no solo como una estadística, sino como personas que sienten, viven, quieren y hacen cosas que a veces no saben que están haciendo, es decir, los ven como seres humanos. Hoy en día, los *insights* y el estudio de las personas son de suma importancia para el *marketing* y los negocios, pues tienen la capacidad de revelar o descubrir verdades «desnudas» del consumidor. Por eso la diferencia entre un *insight* y un dato es el tamaño de tu sorpresa.

Definiendo *insight*

Los *consumer insights* o *insights* del consumidor constituyen verdades humanas que permiten entender la relación emocional, simbólica y profunda, entre un consumidor y un producto. Un *insight* es aquella revelación o descubrimiento sobre las formas de pensar, sentir o actuar del consumidor, frescas y no obvias, que permiten alimentar estrategias de comunicación, *branding* e innovación. En otras palabras, un *insight* potente tiene la capacidad de conectar una marca y un consumidor de una forma más allá de lo evidente, y no solo vender.

Marcas como Dove, Sprite o Natura en el *marketing* internacional han logrado replantear los conceptos tradicionales de *marketing*, y ofrecen productos que despiertan experiencias gratificantes y profundamente emocionales, gracias a poderosos *insights*; es decir, han logrado virar su posición productocéntrica a una posición más consumocéntrica.

- Dove (UK): «No se trata de intentar ser algo que no puedo ser nunca, sino tratar de ser lo mejor que puedo ser hoy». («*True beauty is how you feel inside*»).
- Visa Go (USA): «La vida no es adquirir posesiones, sino coleccionar experiencias».
- El Palacio de Hierro (México): «La ropa cubre lo que eres y descubre lo que quieres ser».
- Universidad ESAN (Perú): «Las mejores acciones de una empresa no son las que se cotizan en bolsa».
- Naukri.com (India): «¡Las personas no abandonan los trabajos, abandonan a sus jefes!».
- Smart Fit (Perú): «En un gimnasio no solo entrenamos los músculos, sino la fuerza de voluntad».

INSIGHTS

Verdades humanas, frescas y reveladoras que generan oportunidades de **innovación, branding** y **comunicación** accionable para las empresas

Gráfico 2. Mi definición de *insight*

Sin embargo, la finalidad de un potente *insight* va más allá de la comunicación, en tanto se convierte en gestor de un *mindset* consumocéntrico en las organizaciones, vale decir, en forjar empresas que desplieguen estrategias/productos/marcas basads en personas. Es por ello que una visión de *insights* está muy emparentada con el conocimiento profundo y psicológico del consumidor, así como de sus valores, creencias, actitudes, motivos, deseos, fantasías, miedos y expectativas, que se traducen en tres áreas fundamentales:

- **Comunicación:** transformación de datos en *insights*, y de *insights* en ideas de comunicación que conectan marcas con personas y generan relaciones en lugar de transacciones.
- **Innovación:** *insights* que ayudan a generar ideas de nuevos productos y conceptos basados en necesidades relevantes de las personas y sus tendencias emergentes.
- *Branding*: desarrollo de estrategias de construcción de marca (*brand building*) basadas en *consumer insights*. Marcas humanas que compitan por las emociones de las personas.

A partir de los *insights* potentes del consumidor (verdades humanas) se definen las promesas de valor o posicionamiento de marca, y también ideas de innovación. El *insight* a menudo da origen a la gran idea creativa. Un *insight* potente puede ayudar a conectar y no solo a vender, pues más que un producto, ofrece una experiencia o significado emocional/simbólico de mucho mayor valor. «*It is not what you sell, it's what you stand for*», decía Roy M. Spence Jr.

Los *insights*, por lo tanto, ayudan a otorgar una visión «más humana» del consumo y del *marketing*, es decir, una visión que empieza y termina en las personas. Se trata de «poner a las personas primero», y este es el gran poder del *insight*, su capacidad para hacer que las marcas y productos se vuelvan intangibles, valiosos para sus consumidores.

¿Cómo lo hacen? Existen diferentes técnicas de *insights* y modelos de planeamiento que permiten transformar datos en hallazgos, y hallazgos en *insights*, como *consumer brand ladder*, *consumer portrait*, pirámide de *insights*, entre otros; pero la base en todos ellos es la misma: «Mirar donde otros no ven para encontrar lo que otros no encuentran». La mirada *insighter* busca, sobre todo, descubrir o revelar ángulos no considerados en una mirada tradicional.

Los métodos de investigación generadores de *insights* suelen ser también muy eclécticos, e incluyen desde semiótica, exploración de metáforas, *consumer safaris*, *insight mining* en redes sociales, *foresight* o estudios de futuro, antropología cultural, *breakthrough thinking*, etc. Es importante entrenar a los propios ejecutivos de una organización en el *mindset insighter* para que puedan aprender a conectar, sentir, observar e intuir a sus propios consumidores, y se sensibilicen con ellos. Estos programas de sensibilización con el consumidor suelen incluir días de «convivencia con el consumidor» y, a partir de estos, sesiones de *brainstorming* organizacional para decantar observaciones en *insights*, y luego *insights* en ideas. Se trata de *workshops* en *consumer insights*, los cuales son cada vez más usados por las empresas como programas de innovación o *branding*.

En resumen, las marcas que basan sus promesas y estrategias en el conocimiento del consumidor y sus *insights*, pueden no solo llegar a gestar una relación más potente entre personas y marcas, sino encontrar nuevas formas de conectar logrando una relación de mutuo beneficio.

En los siguientes capítulos compartiré algunas ideas, conceptos y herramientas alrededor del *consumer insight* que, espero, servirán de inspiración y de acción a muchos otros profesionales interesados en el fascinante mundo de los *insights* que mezclan la psicología del consumo con la planificación estratégica.

¡Los invito a desnudar sus propias mentes!

CAPÍTULO 2

¿POR QUÉ *INSIGHTS* DEL CONSUMIDOR? ¡PORQUE EVOLUCIONAMOS!

Los mercados consisten en seres humanos,
no en sectores demográficos.
Manifiesto Cluetrain

En mi opinión, *consumer insights* es un concepto que impulsa una visión de *marketing* orientada a las personas. *Insight* tiene que ver con el entendimiento humano, y esta mirada es fundamental para construir relaciones y no solo transacciones; para conectar y no solo vender.

En efecto, el concepto *insight* deriva de la psicología y se refiere a la descripción de un fenómeno o a la comprensión clara e intuitiva de la naturaleza de un problema, es decir, es una revelación o descubrimiento. Prestado al *marketing*, este concepto de *insight* se usa para develar comportamientos, pensamientos y sentimientos ocultos, inconscientes y, a menudo, significativos de los consumidores, los mismos que dan origen a estrategias de *marketing* consumocéntricas. *Insight* viene de los vocablos *in* ('adentro') y *sight* ('visión'). Por tanto, *insight* significa 'mirar adentro', es decir, dentro del consumidor para desnudar su mente y su corazón.

Así, los *insights* representan verdades desnudas sobre las formas de actuar, pensar y sentir del consumidor, que explican la profunda relación simbólica y emocional que tiene este con los productos de su elección. Para encontrar estas verdades ocultas que disparan y motivan el consumo, es preciso ver donde otros no ven, para encontrar lo que otros no encuentran; es decir, ver más allá de lo evidente.

Los *insights* conectan al consumidor con los productos, logrando que estos pasen de ser un mero objeto transaccional —que se ofrece y compra— a ser un objeto de afecto, es decir, una extensión de nuestro yo. Asimismo, estos *insights* proporcionan inspiración y movilizan la acción de *marketing*, traduciéndose en proposiciones estratégicas de innovación, posicionamiento de marca o generación de nuevas ideas de productos, servicios y estrategias.

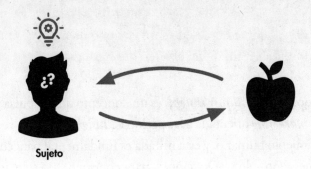

Gráfico 3. Dinámica *consumer insights*

Como hemos visto, las acciones de *marketing* alimentadas por *consumer insights* pueden redundar en los siguientes tres campos de acción: innovación, *branding* y comunicación. En efecto, revelar y accionar *consumer insights* puede hacer que las empresas generen un posicionamiento más alineado a las expectativas, necesidades o deseos de sus clientes. También puede generar ideas de innovación o reformulación de las viejas estrategias para convertirlas en ideas frescas que persuadan a nuevos consumidores. Finalmente, un *insight* potente y bien accionado puede ser la base de un concepto creativo o campaña de comunicación destinada a atraer o conectar emocionalmente con los consumidores.

- **Innovación:** Cirque du Soleil reinventó el concepto de circo, basándose en *insights* del consumidor respecto de espectáculos artísticos y culturales. La empresa entendió que no todos los espectadores buscaban animales salvajes, mujeres barbudas y payasos en un espectáculo circense. Existía pues la oportunidad para hibridar el concepto e incluir artes expresivas, dramáticas y circenses en un solo espacio. El *insight* que disparó la innovación de Cirque du Soleil podría definirse como sigue: «¿Para qué aspirar a una sala de teatro si puede tenerse el mundo entero de escenario?». Hoy, Cirque du Soleil es un ejemplo de innovación a nivel mundial y, sin duda, el referente en su categoría (Cirque du Soleil, 2011).

- *Branding*: el *insight* detrás de Visa Go podría definirse como sigue: «Comprar no es adquirir posesiones, sino coleccionar experiencias». Desde el punto de vista del consumidor, las tarjetas de crédito no solo están en el negocio de accesibilidad de dinero o *shopping*, sino, sobre todo, en la capacidad hedonista y sensorial de disfrute, es decir, la experiencia de compra. Visto de esta manera, Visa Go pudo replantear su promesa de valor haciéndola más emocional y sustantiva para su consumidor (Visa, 2012).

- **Comunicación:** cuando la tienda Ikea lanzó en España su nueva campaña «Bienvenido a la república independiente de tu casa» era claro que estaba construyendo un nuevo mensaje más allá de atributos funcionales de accesibilidad, bajo precio y versatilidad comúnmente asociados a la tienda. Para llevar a cabo la nueva campaña se estudió el concepto de vivienda que buscaban los consumidores españoles y se llegó a la conclusión de que una casa era mucho más que un lugar físico: era un lugar para inspirarse. En un sentido consumocéntrico el hogar es el reino del dueño o dueña, un lugar que atesora sus experiencias, memorias y donde escribe nuevas historias. Basado en este potente *insight*, Ikea pudo lograr una campaña que obtuvo el Premio a la Eficacia en Comunicación Comercial de la Asociación Española de Anunciantes (AEA) en 2009 (Asociación Española de Anunciantes, 2009).

La emergencia de áreas de *consumer insights* en empresas de consumo masivo, departamentos de *planning* estratégico en agencias de publicidad (*planners*), cazadores de *insights* (*insighters*), especialistas en tendencias (*trend-hunters*), estrategas de marca (*branders*) y, en general, la creciente importancia de la comprensión de las personas en el *marketing* y el *management* demuestran el crecimiento de esta nueva visión.

La visión del consumidor se complejiza, y se llega a la convicción de que este no siempre dice lo que hace o hace lo que dice: ¡oculta cosas! Tiene miedo de reconocerse menos racional y más emotivo. En consecuencia, se deduce que el «secreto» del consumo no está únicamente en el producto, sino en cómo este es procesado, percibido, imaginado o fantaseado por el consumidor. Se trata, por tanto, de gestionar productos subjetivos y no objetivos; productos que no existen más que en la mente de quienes los adquieren, poseen o consumen; productos que no valen solo por sus características objetivas de tamaño, color, sabor, precio o calidad técnica, sino también por sus características agregadas de imagen, fantasía, deseo, imaginación y valor.

En este nuevo contexto, el *marketing* pasa de ser considerado una actividad transaccional a ser una actividad relacional, es decir, una actividad que genera sobre todo lealtad y confianza a largo plazo, y no solo ventas a corto plazo. El *marketing*, por tanto, empieza a cambiar de una orientación únicamente de producto (o productor) a una de relaciones producto-consumidor.

De igual forma, el consumidor, en tanto ser humano, toma decisiones imperfectas, impulsivas o emocionales guiadas por recuerdos, sensaciones, imágenes y sentimientos, es decir, compra afectos, y no solo productos. Ello nos plantea un nuevo panorama mucho más humanizador y humanizante. El secreto del *marketing* estaría en decodificar lo que oculta el consumidor, aquello que atesora en su mente (y no solo en su bolsillo). De allí la importancia creciente de los *consumer insights* y la respuesta emocional-inconsciente del consumidor.

De transacción económica a experiencia psicológica

> *Solo pocas empresas comprenden el arte de acercarse con inteligencia y sensibilidad al verdadero poder que subyace detrás de las emociones humanas. El* branding *emocional aporta nueva credibilidad y personalidad a las marcas que pueden tocar al ser humano de forma holística.* Branding *emocional se basa en la confianza de cara al público. Logra alzar las compras elevándolas al mundo de los deseos.*
>
> MARC GOBÉ

La importancia del *insight* en la estrategia de marca surge también como resultado de la evolución en nuestro entendimiento del consumo y la preferencia del consumidor. El contexto competitivo ha cambiado y se ha vuelto mucho más agresivo. Existe una mayor gama de productos a escoger y es cada vez más difícil capturar las preferencias de los consumidores; además, el consumidor está más informado y como tal es más crítico al tomar sus decisiones. En tal sentido, dependerá, fundamentalmente, de su preferencia el éxito o fracaso de los diferentes bienes y servicios que lo definen.

En efecto, conforme evolucionan los mercados, los productos van adquiriendo cada vez mayor importancia simbólica, entendida como la función de referente o significado para el consumidor. Se apropian de valores, rasgos de personalidad y sentimientos, y los consumidores empezamos a relacionarnos con ellos bajo parámetros más cercanos a lo amical y familiar que a lo puramente económico. Algunos los queremos, otros los odiamos, y hasta competimos con ellos; es por ello que el análisis de la relación consumidor-producto amerita una comprensión de tipo psicológico-afectivo, más que racional. De ahí que sea importante conocer qué rol o papel juegan los productos en nuestras vidas, más allá del valor intrínseco u objetivo, pues la esencia misma del producto está siendo revertida.

Esto da pie a una visión de experiencias de consumo (integrales, holísticas, subjetivas, personales) y no solo a actos de transacción económico-financieros, ya que estamos navegando en el terreno de las percepciones, y no solo de las realidades. El consumidor decide, elige y adopta comportamientos de compra y consumo basado en lo que cree, considera, percibe o piensa, y no únicamente en convicciones de calidad, consideraciones de precio o criterios de accesibilidad y cercanía. El consumo racional cede su paso al consumo emocional.

Los profesionales del *marketing* encuentran mucho más útil el poder de gestar experiencias gratificantes de compra vía el desarrollo de empaques, canales o circuitos de compra más sensoriales, hedonistas y de alta carga emocional. Saben que el consumidor no solo compra maquillaje, sino la ilusión de una transformación (de patito feo a cisne); que el propietario de autos no solo adquiere un vehículo, sino un símbolo de poder (y hay que trabajar en el ego y la autoestima del consumidor desde que este se acerca a la tienda a comprar); y que el joven comprador de chocolates compra también un ritual de seducción o un espacio de regresión personal (por lo que amerita generar imágenes placenteras y oníricas en los escaparates del supermercado).

En efecto, cuando el consumo pasa el nivel de supervivencia, se complejiza y es allí donde ya no bastan los criterios tradicionales de precio y calidad. El consumidor adquiere y muestra su interés en los productos que lo satisfacen subjetivamente, y es esta motivación subjetiva la que debemos desenmarañar ahondando en la mente del consumidor con ayuda de las técnicas derivadas de la psicología del consumo.

La comunicación publicitaria de hoy recoge estos elementos y los incorpora constituyendo propuestas como el *branding* emocional y las *lovemarks* (Gobé, 2001; Roberts, 2005) que se basan en presupuestos como los siguientes:

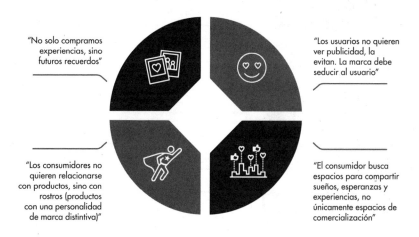

"No solo compramos experiencias, sino futuros recuerdos"

"Los usuarios no quieren ver publicidad, la evitan. La marca debe seducir al usuario"

"Los consumidores no quieren relacionarse con productos, sino con rostros (productos con una personalidad de marca distintiva)"

"El consumidor busca espacios para compartir sueños, esperanzas y experiencias, no únicamente espacios de comercialización"

Gráfico 4. Elementos subjetivos incorporados en la publicidad

Las marcas son personificadas y se intenta acercarlas al consumidor de manera que puedan suscitar fuertes sentimientos y ya no únicamente fuertes convicciones. Para ello, las empresas buscan *insights* del consumidor que les permitan conectar fácilmente con estos sentimientos y generar la empatía con el consumidor.

El concepto de *branding* emocional supone una revolución en la concepción tradicional de gestar relaciones con los clientes, así como una apuesta más clara por el vínculo emocional-vinculante con los consumidores, que se caracteriza por:

De consumidor a persona — Los consumidores compran, las personas viven.

De producto a experiencia — Los productos cubren necesidades, la experiencia cubre deseos.

De calidad a preferencia — La calidad existe, la preferencia se crea.

De notoriedad a aspiración — Ser conocido no significa ser amado.

De función a sentimiento — La función habla de cualidades superficiales y prácticas acerca del producto, el sentimiento se vincula con el consumidor mismo.

De comunicación a diálogo — Comunicar es decir lo que ofrezca para vender, dialogar es compartir con el consumidor.

De servicio a relaciones — Comunicar es decir lo que ofrezca para vender, dialogar es compartir con el consumidor.

Gráfico 5. Características del *branding* emocional

De *marketing* de producto a *marketing* de personas

Ya no tenemos consumidores, sino personas.
No vendemos productos, sino experiencias.

La importancia creciente del *insight* surge también como producto de la evolución del *marketing*. Si el *marketing* no es capaz de comprender al consumidor, pierde de vista su sentido y también la oportunidad de crecer y desarrollarse, en otras palabras, pierde la oportunidad de subsistir. De allí que muchas empresas de orientación al cliente estén revalorando sus departamentos de *consumer intelligence, consumer insights, market knowledge, market research* y áreas de inteligencia comercial en general.

En efecto, las últimas tendencias del *marketing* moderno nos están dejando un desafío muy grande: el reto de construir marcas humanas que le hablen a la mente, al corazón y al espíritu de la gente (Kartajaya *et al.*, 2010).

Por esta razón, se deja de hablar de *targets* o mercados (en plural y en masivo) para hablar de personas que no pueden ser necesariamente medidas ni comprendidas desde promedios estadísticos únicamente, sino a partir de la profundización en su psicología e individualidad.

De otro lado, hablar de personas y no de público objetivo permite incidir en los aspectos socioculturales que rodean al consumo más allá de los estrictamente económicos. Las personas se mueven en determinados contextos sociales (familia, amigos, compañeros de trabajo, vecindario, entre otros) y culturales (países, religión, origen, sociedad, etc.) que son determinantes para entender sus posteriores respuestas de consumo. No se puede entender el consumo —ni la elección específica de marcas— sin atender a estos aspectos macroculturales y de entorno.

Un ejemplo de lo anterior es la campaña «Transformando calles, transformando vidas», que lanzó la empresa Sodimac, en Lima. Resulta obvio que la campaña estaba construyendo una promesa de valor basada en los *insights* del consumidor de productos para el hogar. Para muchos, la reparación o mejoramiento del hogar no solo contribuye a mejorar la calidad de vida, sino a transformarla. En otras palabras, reinventarse a sí mismos a partir de la reinvención de sus hogares. Por tanto, el enfoque giró más hacia entender al consumidor que a deificar el atributo funcional comparativo del producto o tienda. El caso completo lo pueden leer en el blog *Consumer Insights* (www.consumer-insights.blogspot.com).

Empresas multinacionales como Procter & Gamble, Nestlé, Kraft Foods (Mondelez), Unilever y otras lideran el proceso de gestión o *marketing* consumocéntrico sosteniendo que «el consumidor es el jefe»; no obstante, aún falta elevar el modelo y convertirlo en una práctica común. El problema radica en que muchas empresas pueden decir que consideran al consumidor, pero en su día a día difícilmente invierten tiempo, dinero o esfuerzo en conocer a sus consumidores, en visitarlo en sus hogares o calles, en tener una inmersión en sus vidas, en monitorear sus opiniones en redes sociales, o en despegarse de los escritorios y conectarse con su mundo. Esto es aún una tarea pendiente en la mayoría de nuestras empresas.

De datos a *insights*, y de *insights* a ideas. El planeamiento estratégico

> *Los* insighters *persiguen, a diferencia de los investigadores, una «lectura» más intuitiva, emocional y futurista del consumo y los consumidores. El investigador fabrica una teoría, el* insighter *la desnuda.*
>
> CRISTINA QUIÑONES

Los cambios en el contexto competitivo, la concepción tradicional del *marketing* y las marcas están generando también una necesidad de investigación innovadora y su traducción en propuestas concretas de *branding*, innovación o comunicación a través del planeamiento estratégico.

La investigación orientada a develar *insights* del consumidor va más allá de los hechos descriptivos o de la información de mercado. Al tener un carácter prospectivo, se adelanta a las próximas tendencias, y le interesa más lo que se viene que lo que está pasando. Apuesta por la generación de *consumer insights* como principal *input* estratégico. Además, se preocupa por observar al consumidor en su hábitat natural y analizar sus respuestas y comportamientos concretos, así como por aplicar técnicas disruptivas que indaguen en elementos emocionales, inconscientes o pensamientos laterales. Se trata de indagar más en el hacer y sentir que en el decir.

El enfoque se orienta hacia el resultado y no solo hacia el proceso. De allí el énfasis en la revelación del *insight* y su traslado en estrategias que logren establecer la base de una conexión más efectiva y emocionalmente vinculante. Una relación estrecha y un diálogo entre el consumidor y la marca (territorios, ideas, esencia de marca, nuevos productos, etcétera).

Algunas características más formales de esta nueva manera de entender las marcas se verán en capítulos posteriores; pero en todo caso se trata de pasar de una consideración de datos a la inteligencia, o también de la investigación a la revelación de *insights*, y de *insights* al planeamiento estratégico.

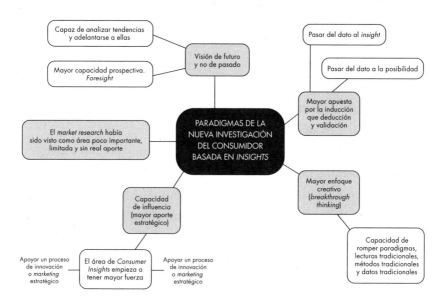

Gráfico 6. Paradigmas de la nueva investigación del consumidor basada en *insights*

CASO PRÁCTICO DE ÚTILES ESCOLARES: LA INCLUSIÓN DEL COLOR

Es interesante cuando las marcas también nos plantean retos a nivel social y nos hacen reflexionar sobre los paradigmas culturales, en este caso, de lo que pensamos acerca de la educación escolar y las vías para alentar a nuestros niños a una mejor formación. Las marcas de útiles escolares tienen como gran desafío identificar las tendencias y valores de vanguardia e incluirlos en su propuesta de valor, ajustándose a los «nuevos tiempos».

El desafío de la conexión cultural

Muchas veces las marcas pueden tener liderazgo y reputación empresarial, pero no necesariamente son cercanas. Es más, cuanto más grandes son las corporaciones, a veces pueden alejarse más de sus consumidores, compradores o personas. En nuestros países es importante que una marca se sienta local a pesar de que puede ser «extranjera»; sobre todo si nos enfrentamos a un mundo competitivo de muchas marcas novedosas y a una sociedad dispuesta a «salir de la caja». En suma, las marcas tienen el desafío de innovar, remover sus fronteras de seguridad y recuperar cierta sorpresa e imaginación.

En el caso de los útiles escolares, y en un mundo de niños aprendiendo a imaginar, es importante reentender cómo las marcas pueden conectar con la población de madres de familia e hijos, de manera que puedan afianzar su propuesta de valor. Necesitamos entender a las madres de hoy y sus expectativas educativas. Pero ¿cómo hacerlo?

La investigación en *insights*

En estos casos es necesario realizar una exploración de las actitudes, creencias y emociones detrás de la compra de útiles por parte de las madres de familia, y también de los comportamientos y rutinas de los escolares en torno a ellas. Aquí las técnicas como el dibujo o la plastilina para expresar la emocionalidad y ahondar en el inconsciente son muy útiles; también los estímulos visuales como la música, el color y los aromas para encender la sensación. Sin duda, una investigación creativa y estimulante puede encender el pensamiento creativo. Como decimos a lo largo del libro, las preguntas creativas traen respuestas creativas. Toca mirar fuera de la caja.

Este tipo de investigaciones permite recoger algunos hallazgos interesantes. En la actualidad se necesitan espacios sorpresa en mundos predecibles. Si bien la practicidad es buena, la sorpresa haría a un producto elegible. Cada mancha y pinta sería una medalla de creatividad. «Prefiero un día de colores que varios días grises. Detrás de las manchas hay un toque de sorpresa».

Los trazos son borrables, las enseñanzas, no. Las madres de hoy no solo les permiten dibujar a sus niños creativamente, sino que, sobre todo, los alientan a dejar huella. Para ellas, los hijos no solo deben aprender, sino trascender: «Siempre le enseño a dibujar sonrisas a mi hija, es mi manera de mostrarle que las cosas siempre tienen un lado bueno».

Los niños de hoy tienen un fuerte sentido de libertad que permite repensar reglas y desafiar paradigmas: «Mi hijo se siente más feliz pintando en la pared, y yo lo dejo porque no tiene límites y, en cambio, en el cuaderno no se puede pasar de la línea o el renglón». En cierta forma, el rol de la mamá impositiva se estaría dejando cada vez más de lado. Ahora emerge una mamá que empodera a sus hijos y los deja decidir asegurando que ellos sean independientes en el futuro; es decir, madres que buscan más desarrollo emocional a la par de su desarrollo intelectual. «Yo dejo que mis hijos decidan desde ya, que aprendan a tomar sus propias decisiones. Quien decide es mi hijo».

Si bien la educación escolar es importante, hoy se ve cada vez más el desarrollo creativo y emocional. Se buscan hijos más vivaces y menos vulnerables (proclives al *bullying*). En talleres creativos con madres de familia, muchas veces nos han comentado que prefieren la inteligencia social y no solo la inteligencia intelectual o académica: «Puedes tener a tu hijo súper inteligente, ¡pero se tiene que defender en la vida!». El aprender a respetar los límites y hacerlos respetar al resto es clave. También lo es el usar su creatividad para proponer cambios en el mundo y lograr que otros sigan sus ideas; es decir, la inteligencia como influencia (capaz de hacer que otros te sigan).

Las motivaciones y preocupaciones de la compra de útiles tendrían un trasfondo emocional muy fuerte. Si bien los atributos funcionales son relevantes, existen otros factores también importantes al momento de la compra. «Tuve que ver a mi hijo con ojos de niño para entenderlo, y ahora le compro los mejores colores, porque seguro será el próximo Da Vinci». La proyección y la imaginación disparadas por la comunicación de marca, así como el imaginario colectivo, importan.

Los *insights* revelados

Las diferentes aproximaciones al mundo infantil y al de los útiles escolares nos han permitido arribar a algunas reflexiones que tal vez puedan brindar aportes.

La sociedad castiga el «error» (la mancha) aun cuando la curiosidad y la exploración son la base del aprendizaje en un entorno competitivo. Se borra la mancha y con ella las ideas y la creatividad del niño. En cierta forma, la educación tradicional cuadricula al niño. Al final, los útiles los vuelven inútiles, porque solo están siguiendo los parámetros.

Esta visión funcional excesivamente centrada en el atributo de producto no permite una expresión «fuera de los márgenes» o, lo que es lo mismo, fuera de la caja. De allí la importancia de abrir la mirada y también innovar: «El verdadero aprendizaje viene con manchas. La emoción se libera cuando la emoción no se encasilla».

En efecto, estamos saturados de tanta información, que sorprendernos ya no es fácil. Las personas están buscando estímulos que los sorprendan. En cierta forma, necesitamos recuperar el efecto Kinder o McDonald's: sorprenderse con lo impredecible.

Estrategia de conexión

Los *insights* nos plantean la necesidad de la sorpresa, y el mundo de la educación también. Por su parte, los útiles podrían hacer una apuesta más allá de lo comercial y hablar de «creatividad fuera de los márgenes». Frente a una educación que busca líneas perfectas, nos toca invitar a los escolares a crear fuera de la caja, y a la sociedad a celebrar la curiosidad.

En este nuevo contexto, el rol de las marcas podría estar en «desencajonar» la creatividad o la expresión libre dentro de un proceso educativo e invitar a más escolares, padres y profesores a «liberarse» y fluir. Si la escuela tradicional los mete en la caja, tal vez un mensaje propositivo sería liberarlos de la misma a través de experiencias de imaginación (que estos útiles proporcionan).

El territorio de la curiosidad, la experimentación y la aventura parece interesante aquí. Aun cuando el mundo es cuadriculado, los padres pueden buscar que sus hijos desafíen los márgenes en los que la sociedad y la mente los encasillan. Es decir, la creatividad como base del aprendizaje: «Queremos que se entienda que equivocarse es parte del proceso y que los "20" son solo números; que lo importante está en la idea, no en la calificación».

Tal vez, y solo tal vez salirse de los márgenes está bien, y el verdadero aprendizaje se da cuando el conocimiento viene con manchas. La creatividad hoy está encajonada y solo saldrá de la caja cuando sumemos la curiosidad al aprendizaje. Necesitamos creatividad fuera de los márgenes.

Los aprendizajes

Este caso nos deja lecciones importantes:

1. A los niños los cuadriculamos y programamos para que escriban sobre el mismo reglón; y si bien los niños necesitan estructura, también necesitan expresión libre, porque en el equilibrio está el verdadero aprendizaje.
2. Vivimos en un entorno de competencia en el cual estamos obsesionados por el éxito, y creemos que el éxito viene con receta. Entonces, impulsamos a nuestros niños a crecer muy rápido y se pierden el juego. «Adultizamos» la niñez.
3. Los padres no están aceptando las manchas/errores cuando en la vida, para aprender, tienes que equivocarte. Este «error» puede ser la fuente de infinita innovación. Las marcas podrían recogerlo más.

Estos *insights* permiten a las marcas no solo plantear mejores estrategias de *marketing* culturalmente adaptadas, sino también inspirar nuevos productos de innovación basados en retar los convencionalismos. Aquí quisiera hacer especial mención a aquellas marcas que apuestan por una inclusión de colores, razas e identidades contemplando más tonalidades en la paleta y alentando la diversidad como valor social.

CAPÍTULO 3

LAS PERSONAS AL CENTRO DE LAS DECISIONES DE NEGOCIO

La gente se va olvidar de lo que dijiste,
pero jamás de cómo la hiciste sentir.

Maya Angelou

El consumocentrismo, como su nombre lo sugiere, es poner a la persona en el centro del negocio, es decir, saber que esta es el eje de las decisiones, que el producto se base en sus necesidades y el precio se ajuste a sus expectativas; que la publicidad y la promoción convengan en sus valores, necesidades y sensaciones, acomodando la plaza a su ritmo de vida. En síntesis, que la empresa se enfoque en lo que la persona desea.

Hickey *et al.* (2006) plantean que ser consumocéntrico supone más que tener cercanía con los consumidores: es tener una perspectiva enfocada en el consumidor por parte de la compañía. Más allá de la utilización de técnicas etnográficas, de segmentación u otros estudios, es necesario hacer un cambio radical del sistema, la estructura y la cultura organizacional.

En mi opinión, son tres las líneas sobre las cuales se basa el discurso del *marketing* consumocéntrico:

- **Cocreación:** hacer que los consumidores conversen productivamente sobre nuestras marcas y que sus aportes se conviertan en valor para la compañía. Los consumidores como fuente de innovación, ideas de nuevos productos, mejoras y sugerencias que ayuden a enfocar mejor la estrategia.
- **Conexión:** lograr que las empresas puedan conectarse emocionalmente con los consumidores y, de esta forma, se produzca la ansiada relación de confianza y fidelidad. El concurso de las redes sociales y del *marketing* digital puede

ser de mucha utilidad para acercar la empresa a los consumidores y generar el sentido de comunidad.

- **Comprensión:** se trata de entender al consumidor profundamente. Calar en su corazón y espíritu, entender el funcionamiento de su cerebro y sus respuestas instintivas (no
racionalizadas), así como su mente y sus emociones. Revelar
sus *insights* a través de sus códigos, símbolos y rituales.

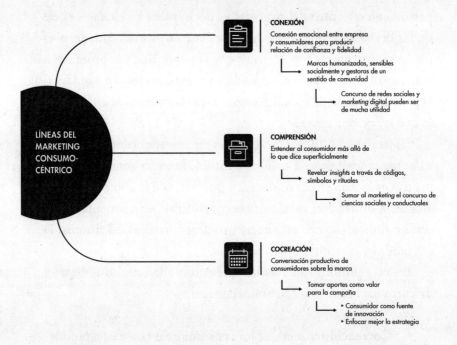

Gráfico 7. Líneas sobre las que se basa el discurso del *marketing*
consumocéntrico

Así como el mercado ha cambiado, el consumidor también lo ha
hecho a lo largo del tiempo y debido al avance de la tecnología, pasando de ser un individuo receptor de estímulos a ser un emisor de
ideas y pensamientos, capaz de generar sus propios contenidos. Se

ha convertido en alguien que busca comunicarse con las marcas en un sentido menos intermediado y más directo, además de trasladar sus propias opiniones. Algunos lo llaman *prosumers* y otros, «consumidores empoderados/informados».

Las empresas que entienden a sus consumidores como «prosumidores», tienen en cuenta sus ideas y puntos de vista para lograr productos nuevos y originales. Un claro ejemplo de ello es el concurso Crea tu Bembos, lanzado por una empresa de comida rápida en el Perú, en el que motivan a los concursantes a crear una hamburguesa con los ingredientes que deseen, para luego someter las creaciones a votación, comercializando, al final, las tres hamburguesas con mayor aceptación por el público consumidor en el restaurante. En 2009, en Argentina, *Joia Magazine* y cerveza Corona realizaron un concurso donde pidieron a sus consumidores que diseñen una publicidad para que sea expuesta en la revista.

Otro ejemplo clásico de innovación gestada por *prosumers* es el de Ipod Touch en Inglaterra. Haley, un universitario de dieciocho años, decidió crear un comercial de la marca y lo colgó en YouTube; los empresarios lo vieron y no tardaron en contratarlo para crear la versión final para TV (NjHaley, 2007). Incluso se observan servicios creados por los propios consumidores, por ejemplo, el caso de Wikipedia, la enciclopedia libre de internet en la que cualquier usuario puede subir sus conocimientos o modificar información sobre cualquier área; o YouTube, donde los usuarios nutren el servicio con sus propios videos.

Por lo tanto, las empresas deben tener una visión abierta a la cocreación, la conexión y la comprensión de los consumidores, de manera que estos ocupen un rol más activo y relevante dentro de las organizaciones. Se trata de personas, no solo de estadísticas.

El consumocentrismo, como ya lo hemos visto, es un modelo de negocios que propone la reubicación del consumidor como centro de las decisiones. Creo que esta filosofía empresarial debe empezar por identificar y desarrollar los *insights* accionables del negocio, lo cual se logra con los siguientes nueve pasos:

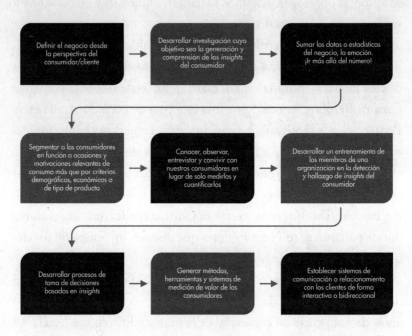

Gráfico 8. Pasos para identificar y desarrollar los *insights* accionables

Paso 1:

- **Definir el negocio desde la perspectiva del consumidor/ cliente, y no solo desde la nuestra.** Es el consumidor o cliente quien define qué es el producto o en qué categoría compite, dependiendo de la necesidad o motivación que satisfaga. Un producto no es lo que el productor dice que es, sino lo que el consumidor percibe que es. Por ejemplo, un productor de champús no debería plantear directamente que «está en el negocio de champús», sino, tal vez, que está «en el negocio del cuidado personal», «en el negocio de higiene/ limpieza», «el negocio de la afirmación personal», etcétera.

Ello dependerá de las motivaciones reales del consumidor y sus *insights* de consumo. En ese sentido, es importante que las marcas puedan decodificar sus categorías de manera amplia y considerando el punto de vista de las personas. Otro ejemplo es el de Starbucks, que no está en el negocio de las cafeterías, sino en el negocio del «sentirse confortables» o en el de «gente sirviendo café a gente» (*the third place*).

Paso 2:

- **Desarrollar investigación cuyo objetivo sea la revelación de *insights* estratégicos del consumidor, la cultura y la sociedad.** En la mayoría de los casos las empresas asumen que «ya conocen a sus consumidores», o que el perfil de estos está dado por características *a priori* (a menudo, niveles socioeconómicos y características demográficas como sexo, edad y región). Es importante, por lo tanto, salir de la zona de confort y dedicar algunos días a la convivencia con el consumidor y sus entornos naturales. De lo contrario, tendremos siempre visiones parciales, facetadas e incompletas de sus historias de vida. Debemos complementar y sumar nuevas visiones.

Paso 3:

- **Sumar los datos o estadísticas del negocio, la emoción. ¡Ir más allá del número!** Se trata de agregar valor a los ratios del *marketing* como *market share, top of mind, awareness*, distribución, entre otros, profundizando en la comprensión del comportamiento. El *insight* no es tan fácil de encontrar; requiere de esfuerzo y mucho tiempo observando, contactando, entrevistando y sintiendo al consumidor. Las marcas deberían procurarse por datos relevantes, estadísticas e indicadores, pero, al mismo tiempo, ¡deberían también cuestionarlas! Al menos es un ejercicio importante de humildad, en el terreno personal, y estratégico, en el terreno operativo.

La campaña de DraftFCB para Dockers, *Wear the pants*, que plantea la recuperación de la masculinidad, partió de un significativo dato numérico que había sido descubierto por los responsables de la comunicación: «Los niveles de testosterona en los hombres se han reducido 17 % en los últimos veinte años». El dato era tan sorpresivo como relevante, y la fuente era la Sociedad Clínica de Endocrinología y Metabolismo Norteamericana. Pero lo importante aquí es leer tras el número, la verdadera causa del problema. Allí es donde se oculta el *insight*. En nuestra opinión, los niveles de baja testosterona obedecerían a la mayor facilidad de la vida, la simplificación tecnológica y la repartición de roles de género, que en la actualidad son más equitativos. En este contexto, el mundo y el consumo se habrían «hibridado», y los hombres habrían dejado de ensuciarse las manos y ponerse los pantalones. Es allí donde emerge la verdadera oportunidad para una marca como Dockers, y se propone la campaña *Rewaken your latent masculinity*. La respuesta de la marca radica en proveer nuevas fuentes para volver a sentirse «macho», al menos en un plano psicológico.

Paso 4:

- **Segmentar a los consumidores por actitudes y no solo por criterios demográficos/económicos.** Los consumidores se diferencian en función del rol que adjudican a los productos y la forma en que se relacionan con ellos; los niveles de edad, instrucción, ingreso, sexo e intensidad de consumo son datos descriptivos que nos ayudan a perfilarlo, pero no siempre a diferenciarlo. Debemos complementar los datos demográficos con los relacionales, actitudinales o conceptuales, y perfilar un auténtico «retrato del consumidor». Cuando la marca de barras energéticas PowerBar, de Nestlé, decidió hacer una campaña diciéndole a los potenciales consumidores «*You are stronger than you think*» ('Tú eres más fuerte de lo que crees'), entendió la gran importancia de la autodeterminación y la automotivación en el público interesado en el deporte, pero sobre todo, el rol que estos tienen en las historias de vida de las personas. Nestlé no está vendiendo únicamente barras energéticas, sino superación personal. Por supuesto, esto sería imposible de decodificar sin entender el verdadero retrato del consumidor, más allá de las descripciones demográficas.

Paso 5:

- **Conocer, observar y sentir a nuestros consumidores en las calles, en lugar de solo medirlos y cuantificarlos.** Las empresas deben buscar a los consumidores en la calle para tratar de conocerlos «al natural». Hoy en día, los medios digitales también proporcionan vías importantes de escucha y entendimiento al consumidor. Las redes sociales nos permiten conversar y conectar con las audiencias, del mismo modo que lo podemos hacer en las calles reales. En general, no es posible desarrollar una cultura del consumidor y detección de *insights* si no somos capaces de empezar a pensar, sentir y actuar como nuestros consumidores. En este sentido, resulta relevante y hasta inspiradora la promesa de una marca como Desigual, que dice: «*We dress people, not bodies*» ('Vestimos personas, no cuerpos').

Paso 6:

- **Gestar el *mindset insighter* en las organizaciones.** Se trata de generar una cultura organizacional centrada en las personas. Esto supone proponer y difundir una visión/cultura de consumidor en todas las esferas comerciales y no comerciales de la empresa. Es necesario considerar entrenamientos o capacitaciones especializadas para los colaboradores de la compañía con el propósito de que desarrollen estas capacidades. A través de *workshops* o talleres ejecutivos, los miembros de una organización se convierten en actores principales de la gestión del *insight*: tanto «cazarlo» como «accionarlo» en estrategias de sensibilización con consumidores reales en entornos naturales. Estos programas suelen sensibilizar a los ejecutivos y, como consecuencia, «disparar» *insights* mucho más contundentes, producto de la experiencia vivencial.

Paso 7:

- **Desarrollar procesos de toma de decisiones basados en insights.** Muy a menudo, crear modelos de planeamiento y métodos de análisis gerencial, basados en *insights* del consumidor que contemplan a las personas como insumos básicos de la estrategia, ayuda mucho. El *insight* debe ser accionable en el sentido de que se oriente hacia el desarrollo de una estrategia de negocio. Modelos de construcción de marca como Brand Key, Brand Steering Wheel, Golden Circle, Brand Truth, entre otros, son usados durante los procesos de planeamiento de marcas basándose en insumos estratégicos como el *consumer insight*.

Paso 8:

- **Generar métodos, herramientas y sistemas de medición del valor de los consumidores.** Se trata de generar metodologías organizacionales que estén basadas en ratios de volumen de consumo, frecuencia de compra, compra promedio y otras, pero, sobre todo, en el nivel de satisfacción y grado de lealtad del cliente. Debemos entender el potencial de la relación del consumidor con la marca en términos del potencial de afecto o compromiso. Aquí es donde se encuentra el verdadero desafío de las marcas. Una marca puede tener varios consumidores potenciales dispuestos a comprar, y muchos más dispuestos a hablar bien de la marca, recomendarla, difundirla o seguirla en sus redes sociales. ¿Estamos midiendo el valor de estos últimos?

Paso 9:

- **Establecer sistemas de relacionamiento con los clientes de forma bidireccional.** La empresa no solo debe dirigirse a los consumidores para ofrecer sus productos, sino para atender dudas o consultas, sugerencias, problemas y experiencias. El uso de herramientas de *social media* como páginas web, blogs, Twitter, Pinterest, Vimeo, Slideshare, así como encuestas *online*, *chats* o foros virtuales e *e-learning* deben ser planteadas y priorizadas tanto como las vías de comunicación tradicionales. Se trata de gestar diálogos y conversaciones con las audiencias, y no solo de difundir los propios logros, méritos o beneficios como marca. La comunicación bidireccional se impone.

Un ejemplo muy positivo, ganador del premio DIGI en el Perú a casos de éxito en medios digitales, es la marca Cua Cua de Kraft Foods (Mondelēz International). La marca buscaba recuperar su conexión con el público joven, pues seguía siendo considerada para niños, a la luz de los reportes de investigación. Esto frenaba su potencial de ventas. Luego de estudiar a su público consumidor, dieron con un potente *insight*: «A los adolescentes siempre les ha gustado la novedad; mientras más sentido tenga, menos sentido tiene para ellos». Esto les permitió gestar una campaña en redes sociales que los llevó a conectar con este público mediante videos virales, contenidos *ad-hoc* y frases que permitían reflejar la estructura de la personalidad más joven. La campaña fue titulada «Eso que te gusta». Pronto el pato Cua Cua cobró relevancia. Según los reportes de la propia compañía, en menos de tres meses, durante el 2012, Cua Cua se convirtió en la marca número 1 en Facebook en el Perú, y lo más importante, la marca incrementó sus ventas en +18 %.

En suma, un modelo empresarial centrado en personas es una vía estratégica para la gestación de ventajas competitivas a largo plazo. Poner al producto como protagonista en la gestión de *marketing* es insuficiente; por ello es necesario entender cómo trabaja la mente, el corazón y el alma del consumidor, sumando ello a las marcas de un potente *insight* que direccione la estrategia.

El futuro del *marketing* está para quienes sepan leer emociones y no solo *briefs*. Los 6 errores fundamentales

> *La mente intuitiva es un regalo sagrado y la mente racional es un fiel sirviente. Hemos creado una sociedad que honra al sirviente y que ha olvidado el regalo.*
> ALBERT EINSTEIN

¿Es siempre fácil o posible tener una apuesta consumocéntrica? Pareciera que las organizaciones están menos dispuestas a invertir en conocer al consumidor, a diferencia de la inversión que se hace en la medición de ratios o indicadores de gestión de sus productos y marcas. Se debería entender que el futuro de las empresas se encuentra en sus propios consumidores y que, al no conocerlos, están perdiendo grandes oportunidades de mercado.

En este sentido, existen algunos errores fundamentales de concepción del *marketing* que ensalzan al producto y descuidan al consumidor como elemento central de su oferta. Esto impide que las compañías puedan establecer vínculos emocionales profundos y perecederos con sus consumidores. A continuación, analizaremos algunos de estos errores y su impacto en la estrategia.

Error 1:

- **Considerar que las decisiones de consumo son netamente racionales y que están sujetas a una evaluación de costo-beneficio.** En realidad, el consumidor se deja llevar también por sus emociones, sensaciones y recuerdos cuando elige los productos. Sostener únicamente argumentos lógico-racionales o enfocarse en el mejoramiento de la calidad es insuficiente; hace falta ganarse el corazón del consumidor y aspirar a constituirse en una marca querida (y no solo respetada). Esto supone identificar y capitalizar *drivers* emocionales e *insights* potentes que contribuyan a gestar una relación estrecha y profunda entre los consumidores y sus productos de elección. Volkswagen, en México, lanzó en el 2013 una campaña que planteaba la importancia de las emociones en la experiencia de usuario. Se llamaron a sí mismos «ingenieros de emociones», y no hay duda de que la compra de un auto obedece a la capacidad de responder a las necesidades humanas.

Error 2:

- **Pensar que los productos son buenos porque técnicamente muestran superioridad frente al competidor.** En verdad, el producto es bueno en tanto un consumidor así lo perciba, y no solo porque objetiva y técnicamente lo sea. Se trata de tomar en cuenta que para ser bueno no solo hay que serlo, sino parecerlo. Es importante replantearse qué es «bueno» o qué significa «calidad» desde la perspectiva del consumidor, esto es, hurgar en los significados simbólicos del consumo, aquellos que pertenecen a la esfera íntima y subjetiva del consumo. Se trata de percepción, no de realidad.

Error 3:

- **Enfocarse únicamente en atributos del producto y no en beneficios al consumidor.** Está claro que el consumidor no solo compra productos, sino que busca satisfacer necesidades, por tanto, enfocarse en las ventajas técnicas del producto es insuficiente; debemos ir más allá y unir estas ventajas con las experiencias, personalidad, estilo de vida y conducta del consumidor. Es preciso identificar los *insights* que permanecen ocultos tras las razones de preferencia declaradas.

Error 4:

- **Pensar que los consumidores quieren más o menos lo mismo: «productos de buena calidad, buena apariencia y buen precio».** Pensar de esta forma es reduccionista y simplifica en extremo la naturaleza de las decisiones de consumo. Muchas veces, el consumidor elige productos que lo definen y que forman parte de su identidad, por tanto, el consumidor compra productos que lo ayuden a completarse, es decir, que llenen sus vacíos o carencias (su yo real), o también sus aspiraciones (su yo ideal). No elige únicamente en función a beneficios instrumentales (maximización de beneficio), sino que lo hace en función de beneficios emocionales y de autoexpresión. Debemos complementar las consideraciones únicamente economicistas o que valoran la capacidad adquisitiva del consumidor como única variable de segmentación relevante.

Error 5:

- **Pensar que las decisiones de consumo se dan en forma aislada. En verdad, el consumidor es un ente social y no un ente individual, por ello, sus decisiones de consumo están enmarcadas social y culturalmente.** En sus decisiones de consumo influyen no solo sus propios juicios de valor, sino también los de su entorno social inmediato, los medios de comunicación, la opinión pública, las experiencias de conocidos, amigos y familiares, y un grueso de influencias no siempre detectables —ni reconocidas— por el propio consumidor. Es decir, no basta con satisfacer necesidades individuales para ganarse el afecto de un consumidor, también se debe vincular satisfactoriamente con su entorno social o cultural, gestando de esta manera elementos de identificación. En un contexto como el peruano, donde los valores colectivistas y de solidaridad son arraigados, el consumidor no puede ser visto como individuo, sino como parte de un colectivo. De ahí que los productos que deseen ganarse un espacio en sectores emergentes/migrantes latinoamericanos deberán aclarar las ventajas también para la familia o grupo social de pertenencia.

Error 6:

- **Considerar que el consumidor sabe lo que quiere y que es capaz de decirlo.** En realidad, el consumidor es ante todo un ser humano: se equivoca, no siempre sabe lo que quiere, cambia de opinión, se acomoda, duda, racionaliza su decisión una vez comprado el producto, etc. Sus expectativas y deseos son cambiantes, y puede ser emocional, volátil e indeciso.

Es tarea nuestra sumar razón, emoción e intuición cuando de comprender al consumidor se trata. Debemos trascender los ámbitos de lo manifiesto y profundizar en los ámbitos de lo latente, es decir, aquello que el consumidor no nos dice por miedo, desconocimiento, vergüenza o incertidumbre, pues está inscrito en su inconsciente.

CASO PRÁCTICO DEL COMERCIANTE MINORISTA: EL ROL DE LAS BODEGAS MÁS ALLÁ DE SER UN CANAL DE VENTA

A lo largo de diferentes proyectos en la región, nos ha tocado entender el rol de los tenderos y comerciantes minoristas, así como su importante papel en la sociedad. ¿Quiénes son los bodegueros y qué lugar ocupa la bodega en un barrio latinoamericano? Para responder a esta pregunta, hemos tenido que entender en profundidad a la persona detrás del bodeguero y los simbolismos que recogen las bodegas. No se puede conectar con quien no se conoce, por eso hay que sumergirse en la realidad cultural y psicológica.

El desafío de conexión cultural

En países latinoamericanos como el Perú, las bodegas nacen de la necesidad de trabajar y se construyen en base a esfuerzo y superación. En suma, las bodegas nacen pequeñas, pero van creciendo con el tiempo y así adquieren importancia vecinal y local.

«Las bodegas son la dulzura del barrio». Y es que una palabra amable puede ser tan valiosa como el producto adecuado. Ser bodeguero es tener la labor de proveer al barrio, pero también de sacar una sonrisa, ya que el bodeguero es alguien en constante contacto con las personas y sus problemas, y debido a ello se crean espacios de distensión entre este y los clientes. Alguna vez un bodeguero nos dijo, muy enfáticamente: «Yo les doy amor a mis clientes».

De cierta manera, las bodegas recuperan el calor humano en un mundo frío, automatizado y centrado en la eficiencia. Como lo hemos dicho a lo largo de estas páginas, las personas compran un producto por la calidad, regresan por el beneficio (servicio), pero se quedan por los valores; en este caso, por la atención del bodeguero.

En el marco de grandes capitales agresivas, individualistas y caóticas con mucha oferta comercial «moderna» y falta de espacios de calidez, las bodegas parecen devolver los valores de servicio que la sociedad exige. Como nos dijo uno de los comerciantes entrevistados: «¡Cuando una bodega nace y prospera, el barrio se pone guapo!».

Insights culturales revelados

Esta mezcla metodológica de técnicas nos permitió descubrir que los bodegueros no son simples negociantes, sino que tienen mentalidad emprendedora. Buscan apalancar sus ideas de negocio en las bodegas, que son vistas como un primer paso para encontrar nuevos horizontes (farmacias, minimarkets, cadenas de tiendas, etc.). Esta mentalidad emprendedora no solo tiene sentido de negocio, sino de trascendencia. Detrás del bodeguero hay una historia de arduo trabajo. Quiere dejar su huella, su nombre, su legado en el barrio y en la comunidad. Hoy en día las bodegas son proveedoras de productos, pero mañana serán proveedoras de una nueva mentalidad ciudadana.

Ahora bien, más allá de la propia identidad del bodeguero, es preciso profundizar en el significado cultural de las bodegas en países latinoamericanos. Luego de realizar varios ejercicios de observación, inmersión etnográfica, recorridos en calles y entrevistas, pudimos recoger algunos hallazgos.

En ciudades enrejadas donde se privatizan los espacios y se pierde el sentido de comunidad, las bodegas parecen devolver la unidad que hoy la modernidad nos quita. En cierta forma revalorizan las esquinas.

Muchas de las bodegas se convierten en fundadoras de la comunidad: en Latinoamérica, un barrio no es barrio si no hay bodega. Cuando una bodega nace, la gente empieza a confluir y poco a poco se va formando el sentido de comunidad.

Las bodegas también cumplen un importante rol ciudadano, ya que impactan en su entorno con servicios, ofertas de productos, «dateo» de proveedores por la zona, conversaciones amables con los vecinos locales y ofrecimiento de ayuda ante eventualidades en la zona. De hecho, muchos de los bodegueros son considerados los «mejores vecinos» o los «buenos ciudadanos». Sus historias sirven de ejemplo y sus actos son inspiración. Un barrio con una bodega responsable es un barrio ordenado, educado, limpio, que progresa y que va para más.

Finalmente, una bodega con buen nivel de oferta en frutas y verduras emerge como resguardo de lo fresco en un mundo de conservantes. Tal parece que llevan el toque de naturalidad y bienestar que el barrio necesita.

Esta mirada del bodeguero social muchas veces ha pasado desapercibida o subvalorada. Las compañías de consumo masivo ponen los reflectores en el rol funcional (transacción) o relacional (servicio), pero a menudo subvaloran el rol cultural de servicio ciudadano y agentes de cambio social. Un buen bodeguero entiende que su trabajo no es solo vender, sino servir a la comunidad, ya que como ellos mismos indican: «Cuando mi bodega llegó al barrio, este se iluminó; crecí yo y creció el barrio»; «Somos como los psicólogos del barrio porque escuchamos los problemas de la gente». Este rol de escucha y servicio trasciende lo comercial. En el fondo, donde llega una buena bodega, llega también una nueva mentalidad de emprendimiento, valores y comunidad.

La estrategia de conexión cultural

Los *insights* revelados pueden contribuir a construir programas de fidelización al bodeguero que sume al valor personal (autogestión), el valor emocional (calidez humana) y el valor social (sentido de comunidad).

Se trata de acercar a los emprendedores que motivan con su historia a los vecinos, que se vuelven ejemplo de éxito en la comunidad y que generan impacto positivo con sus acciones y filosofía de vida. Por ello, más que impulsar buenos comerciantes, se trataría de impulsar una nueva mentalidad ciudadana.

Más allá de la legítima tarea de promover bodegueros líderes, las compañías pueden sumar ciudadanía a la labor de liderazgo. Es decir, entender el papel del bodeguero como líder transformacional y no solo como líder que resuelve problemas puntuales.

Los aprendizajes

La oportunidad de conocer bodegueros desde sus raíces no solo permite reivindicar su rol en la sociedad, es decir, fidelizar y servir mejor al cliente, sino también reconocer que a veces, en las tradiciones, costumbres y prácticas ancestrales, tenemos la esencia del éxito. En Latinoamérica es muy común saltar a la «modernidad» como gran tótem de progreso y deidad del éxito. No siempre reconocemos, en nuestro acervo cultural, las bases de una conexión auténtica, genuina y trascendente. Por supuesto que la modernidad es positiva y hay que celebrarla, pero no debemos olvidar que «para innovar hay que revalorar». No podemos ir por el mundo celebrando lo nuevo, lo foráneo, lo traído desde otras realidades, sin respetar nuestras raíces, nuestra esencia, nuestra cultura. ¡A pisar más la calle, señores!

CAPÍTULO 4

LA PSICOLOGÍA DEL CONSUMIDOR COMO FUENTE DE *INSIGHTS*

I don't think people are stupid,
just human.
DAN ARIELY

¿Sabe usted por qué tiene miedo a la oscuridad? ¿Por qué le gusta el helado de vainilla o por qué prefiere una 4x4 si solo la usa para estar en la ciudad? En el campo de la psicología del consumidor, el interés por develar *insights* supone descubrir las razones por las que un grupo de personas hace lo que hace, es decir, revelar el verdadero motivo detrás del comportamiento humano. En el campo del *marketing*, esto se traduce en preguntarse por qué un consumidor prefiere una marca por encima de las demás, o la verdadera necesidad tras el consumo.

Los *consumer insights* surgen de la exploración de la mente del consumidor, pues los productos constituyen objetos simbólicos y de deseo. Su consumo/compra está profundamente intrincado en el mundo interno del consumidor. Desde la perspectiva psicológica, el consumidor no solo es un ente racional, es, sobre todo, un ser emocional y, como tal, sus decisiones y comportamientos de consumo tienden a estar mediados por aspectos internos como motivaciones, valores, expectativas, deseos, percepciones, personalidad, aprendizaje, actitudes, entre otros.

No tenemos que ser psicólogos, pero sí conocer de psicología humana

> *… ads sold toothpaste, not because of its dental hygiene benefits, but because whiter teeth would presumably increase an individual's sex appeal.*
> JOHN B. WATSON

Durante años, la teoría del *Homo economicus* (Keynes, 1936) lideró la comprensión del comportamiento del consumidor. Sin embargo, por mucho tiempo, esta se fue relativizando y permitió la emergencia de la teoría del *Homo psicologicus* (Castel, citado por Friedmann, 1986).

Desde esta perspectiva, los comportamientos de compra y consumo se encuentran mediados por diversos mecanismos psicológicos como las expectativas, motivaciones, valores, actitudes, entre otros. Se trata pues de una satisfacción eminentemente subjetiva en la que operan criterios tanto racionales como emocionales, y no solo una satisfacción objetiva regida por criterios de utilidad económica.

El consumidor no elige únicamente un producto físico y tangible, sino un objeto simbólico que lo completa, redefine y hasta refleja. El producto (y acto de consumo) es fundamentalmente subjetivo y personal, es decir, establece una relación potente y significativa entre el yo del consumidor y el yo del producto, un vínculo indisoluble que es preciso comprender más allá de las relaciones de conveniencia.

Esta relación es graficada y sustentada por algunos postulados de la teoría psicológica del consumo recogidos por Solomon (2008), quien propone que los productos operan como símbolos que nos permiten saber quiénes somos: «Adquirimos productos desde automóviles hasta agua embotellada porque deseamos destacar u ocultar algún aspecto del yo» (p. 156); asimismo, «elegimos algunos productos porque los creemos coherentes con nuestro yo real, y otros porque nos permiten alcanzar el estándar establecido por el yo ideal» (p. 157). También señala Solomon (2008) que «un consumidor puede requerir un conjunto distinto de productos para desempeñar cada uno de sus roles y hacerlo de forma tal que refuerce una de sus identidades predominantes» (p. 158); y que «el consumo de productos y servicios contribuye a la definición del yo…; las posesiones personales de un consumidor lo colocan en un papel social que sirva para responder a la pregunta de quién soy yo ahora» (pp. 160-161).

Como se puede observar, la psicología del consumidor cumple un rol importante como un complemento valioso y necesario para la identificación de los *insights* que explican la razón última del consumo. Nuestro yo subjetivo predispone lo que vamos a elegir, consumir o preferir, ya que en parte somos lo que consumimos. Frente a ello, nos planteamos las habituales preguntas: ¿compramos un producto porque se parece a nosotros? o ¿los productos nos gustan (por razones que no terminamos de entender) y luego terminamos confiriéndoles rasgos nuestros? Al parecer, tendemos a identificarnos con personas, objetos y situaciones, para luego racionalizar este gusto aludiendo a rasgos compartidos.

A continuación, presentamos una tabla con las principales propuestas y autores que han surgido a lo largo del tiempo dentro del estudio del comportamiento del consumidor, así como sus implicancias en el *marketing* y la publicidad:

	Año	Propuesta	Implicancia en el *marketing*/publicidad
Gale (citado por Dill, 1908)	1900	Fue uno de los primeros psicólogos que trabajó en el ámbito del *marketing*. Estaba interesado en el procesamiento de la comunicación publicitaria y sus efectos en la compra. Estudió también las opiniones del sector empresarial en torno a la publicidad y sus prácticas.	Precursores de la psicología publicitaria
Watson	1930	Trabajó en una de las principales agencias de publicidad de Estados Unidos realizando estudios sobre las emociones. Creía que para que la publicidad fuese efectiva debía dirigirse a tres emociones innatas: amor, miedo y rabia. Se abocó a la realización de investigación científica de mercados aplicando métodos objetivos y sistemáticos de medición de la conducta.	Contribuye a entender el fenómeno de la persuasión.
Keynes	1936	Teoría general de la ocupación, el interés y el dinero. La conducta del consumidor y sus decisiones de adquirir un producto son el resultado de un cálculo racional en términos económicos: el comprador invierte su dinero en aquellos bienes que le brindan el máximo de utilidad en relación con sus necesidades y posibilidades financieras.	Para el *marketing* solo bastaba con disponer de datos de capacidad adquisitiva, características demográficas y necesidades «objetivas» para promover la venta.

Lazarsfeld	1940	Se interesa por el comportamiento de la audiencia política y televisiva en los *mass media*. Realiza estudios preelectorales para determinar hasta qué punto se podía cambiar la opinión de los votantes mediante el uso de las encuestas de opinión. Realiza una segmentación de la audiencia radiofónica dentro de la industria publicitaria, subrayando la importancia de los pequeños grupos de liderazgo en la opinión pública.	Contribuyó a perfilar las audiencias mediante procesos de segmentación del consumidor basados en métodos cuantitativos y empíricos.
Ditcher	1946	Psicólogo americano al que se le considera el padre de la investigación motivacional. Fundó el Instituto de Investigación Motivacional y aplicó conceptos derivados del psicoanálisis freudiano en la comprensión de actos de consumo al servicio del *marketing* y la industria. Interesado en la psicología de la vida cotidiana y las reacciones inconscientes del consumidor. Colaboró con muchas agencias de publicidad indagando las bases persuasivas de la publicidad y las motivaciones de los consumidores.	Mostró la importancia de la interpretación de símbolos, metáforas y el recurso al inconsciente como elemento central en la comunicación publicitaria. Se prioriza el «por qué» en detrimento del «cuánto» en los estudios del comportamiento del consumidor. Traslada el acento de la investigación desde la oferta (producto) a la demanda (deseos de los consumidores).
Martineau	1958	Pionero en la denominación de imagen de marca, definiéndola como la forma por la cual una organización es definida en la mente del consumidor, en parte debido a las características funcionales, y en parte por un conjunto de atributos psicológicos. Esta imagen sería ante todo un proceso estratégico de comunicación en el que se transmite a los demás mensajes acerca de uno mismo, con el fin de generar una percepción positiva.	Contribuyó al entendimiento de la semiótica publicitaria.
Katona	1960	Análisis psicológico del comportamiento económico. Pone énfasis en las variables de carácter subjetivo como necesidades, motivaciones y expectativas de naturaleza psicológica. Estas variables psicológicas mediarían la relación entre el estímulo económico y las respuestas de consumo. Criticó el modelo keynesiano de racionalidad y utilidad económica.	Los consumidores no son entes pasivos, sino activos que influyen en el sistema. Se evita así el mecanismo económico y psicológico, ubicando al consumidor en un lugar destacado y activo.
Ries & Trout	1979	Incursionaron en temas como el posicionamiento, definiéndolo como el lugar que ocupan las marcas de un determinado producto en la mente del consumidor. Esta mente enfrenta al bombardeo publicitario seleccionando las marcas que cumplen dos requisitos fundamentales: ser las primeras en llegar al mercado de un producto determinado y mantener el bombardeo pese a la competencia.	El concepto de «posicionamiento», ideado por los autores, es el primer intento por enfrentar los problemas de comunicación que padece una sociedad sobrecomunicada.

Schiffman & Kanuck	1991	Frente a las distintas discrepancias entre los planteamientos surgidos dentro de la psicología del consumo, ponen un alto y señalan que al igual que en la psicología en general y la psicología de la persuasión en particular, la psicología en el consumidor no presenta un único enfoque o teoría, sino múltiples y contradictorias.	Plantearon las bases de la psicología del consumo.
Kahneman	2002	Psicólogo y economista que ganó el Premio Nobel de Economía en 2002 por haber integrado aspectos de la investigación psicológica en la ciencia económica. Autor de la teoría prospectiva (*prospect theory*), según la cual los individuos toman decisiones en entornos de incertidumbre, apartándose de los principios básicos de probabilidad y usando atajos heurísticos. Realizó investigaciones claves acerca de la toma de decisiones bajo incertidumbre.	Revela la importancia de obviar el supuesto de racionalidad al estudiar las preferencias de los consumidores.
Dan Ariely	2008	Economista conductual, profesor de Psicología del Consumo y PhD en Psicología Cognitiva. Sostiene que los humanos comenten errores en la toma de decisiones, aun cuando creen que están tomando decisiones racionales.	La condición humana es imperfecta y, por lo tanto, las decisiones de consumo no son estrictamente racionales: es preciso entender la naturaleza humana y sus mecanismos de decisión.

Tabla 1. Principales propuestas y autores que han surgido a lo largo del tiempo dentro del estudio del comportamiento del consumidor y sus implicancias en el *marketing*.

Como hemos visto, a lo largo de las perspectivas teóricas mencionadas, una visión psicológica del consumo y el *marketing* supone un cambio de orientación, es decir, pasar de una consideración estrictamente racionalista y centrada en el producto, a una orientación más subjetiva, emocional y centrada en el consumidor. Este cambio en la concepción del consumo supone también comprender a profundidad los *insights* detrás del consumidor.

El *insight* visto por la psicología: el "¡Ajá!" o revelación

En términos estrictamente psicológicos, un *insight* es una experiencia de descubrimiento o revelación. Esta experiencia es producto de una restructuración en nuestros procesos cognitivos o de profunda interiorización en nuestra psique. Esta experiencia, acompañada de una vivencia afectiva, suele acompañarse de un «¡Ajá!» o sensación de desbloqueo interno. Se trata de un momento de experiencia excepcional, una vivencia de entendimiento única y sobresaliente en la que las dos piezas del *puzzle* comienzan a tomar su lugar; sería como un momento en el que un problema hasta ahora no resuelto encuentra finalmente salida (Cosmelli & Palma, 2008).

A diferencia de los procesos reflexivos o racionales en los que las soluciones o comprensión de fenómenos emergen en forma secuencial, en el *insight* la solución aparece «toda de una vez», repentinamente y sin que el sujeto sea consciente del camino que lo condujo hasta ella. Por eso es también característica del *insight* la vivencia subjetiva de haber alcanzado la solución de un modo particular y diferente a los otros procesos.

A continuación, presentamos algunas nociones elaboradas desde la psicología en torno al concepto de *insight* a lo largo de la historia:

Autores	Conceptos
French (1939)	Utiliza el concepto de *insight* en «la comprensión intuitiva y la desfiguración en los sueños».
Reid & Finesinger (1952)	Se preguntaban si sería realmente la ausencia de *insight* la responsable de los síntomas y los trastornos mentales de los sujetos. Por tanto, definen el *insight* genérico como «cualquier acto cognitivo mediante el cual podemos comprender el significado de un patrón de relaciones».
Klein (1988)	El *insight* implica promover una conciencia particularmente intensa de las emociones, así como de los objetos internos a los cuales está vinculada. Esta toma de conciencia por parte del *self* supone necesariamente una vivencia emocional.

Ramírez & Valdivieso (2002)	El *insight*, como un constructo complejo que incluye diversos niveles de conocimiento, así como diversas funciones yoicas y condiciones para tener éxito en el proceso, es un término que se ha mantenido en el tiempo, ya que representa la profunda tensión entre descubrir y pensar. Pensamos para descubrir y descubrimos para pensar.
Bowden & Jung-Beeman (2007)	Proceso del pensamiento creativo porque requiere que el sujeto vea (cree) una nueva manera de abordar el problema, por ello, algunos autores plantean que el *insight* correspondería, más que a un sistema de resolución de conflictos simple y unitario, a un fenómeno mucho más amplio y generalizado, un mecanismo cognitivo que surgiría a partir de la interacción de otros procesos cognitivos subyacentes que le serían propios y específicos, y que, por ende, se desplegarían en todas las modalidades cognitivas en las que el *insight* pudiera ocurrir .

Tabla 2. Principales conceptos elaborados desde la psicología en torno al concepto *insight*.

La incorporación del concepto de *insight* al mundo de la psicología trajo como consecuencia la difusión de su uso como concepto teórico, el cual fue tomando rápidamente diferentes significados. Esto, por un lado, colaboró indiscutiblemente con el enriquecimiento del concepto, pero a su vez contribuyó a la elaboración de un constructo que hasta el día de hoy se presta a confusiones en cuanto a sus características y sus alcances (Cosmelli & Palma, 2008).

Por otro lado, diferentes teorías psicológicas también han abordado y estudiado al *insight* de acuerdo a sus paradigmas epistemológicos, entre las cuales se encuentran principalmente la escuela psicoanalítica, la teoría de la *gestalt*, la psicología cognitiva y las neurociencias, siendo el *insight* entendido de formas distintas según cada postura teórica.

Para la escuela psicoanalítica, el *insight* hace referencia al momento en que el paciente, sumido en su proceso psicoanalítico, experimenta la vivencia de toma de conciencia en relación con aspectos centrales de sí mismo, como los propios impulsos y sentimientos inconscientes;

es decir, es la conciencia que logra el paciente sobre la naturaleza del conflicto inconsciente (Ramirez & Valdiviezo, 2002). En otras palabras, el *insight* es un conocimiento que nos permitiría tener una visión nueva y distinta de nosotros mismos, revelando así un concepto de *insight* psicológico muy ligado al proceso de (auto) conocimiento.

Para la perspectiva gestáltica, el *insight* es un proceso de reorganización perceptual o reestructuración cognitiva que permite ver las relaciones de modo distinto y entender súbitamente un fenómeno para llegar a una solución no previamente planteada. El *insight* es un conocimiento inmediato de la estructura de una situación, de cómo se encuentra un significado con respecto a otra experiencia; es la toma de conciencia de la manera en que una cosa es la determinación de la otra (Köhler, 1969). Por ende, el *insight* surgiría una vez que el sujeto logra liberarse de suposiciones erradas o logra crear nuevas conexiones relacionadas con la tarea a partir de habilidades o conocimientos ya existentes (Bowden & Jung-Beeman, 2007).

Ahora bien, el entendimiento del *insight* desde la psicología cognitiva supone distinguir entre el proceso de arribar al *insight* y el resultado o constructo *insight*. El proceso involucra entender los mecanismos que permiten hacer consciente lo inconsciente, o la aplicación de nuevos métodos para reestructurar lo ya aprendido. En este aspecto, Cosmelli & Palma (2008) prefieren hablar de la experiencia del *insight* como fenómeno cognitivo en el que se llega a la solución o comprensión de un conflicto en asociación con una vivencia afectiva de sorpresa y certeza ante el descubrimiento. El resultado o constructo *insight*, en cambio, sería el significado o solución al que se llega, el cual es muy personal y subjetivo, pero que podría ser compartido por otros sujetos en procesos similares.

Por otro lado, desde el ámbito de las neurociencias, el proceso de *insight* surge más bien de la comprensión de la actividad cerebral y la activación de áreas específicas propias de la solución de problemas. De acuerdo con esta perspectiva, el *insight* nace a partir de la integración de asociaciones ya existentes en el cerebro, desarrollándose preferentemente por la actividad del hemisferio derecho (Bowden & Jung-Beeman, 2007).

El *insight*, al ser un método o procedimiento de elucubración, implica necesariamente la presencia de etapas y fenómenos básicos que se observan y distinguen entre ellas. La literatura existente revela los siguientes pasos como producto de un consenso relativamente general entre los psicólogos:

- *Impasse* **mental:** el sujeto sometido a un problema se ve sumido en la sensación de no poder progresar y quedar atascado. Para algunos autores, esta es una condición completamente necesaria en el fenómeno de resolución del *insight* (Knoblich *et al.*, 2001; Bhattacharya & Sandkühler, 2008).
- **Reestructuración del problema:** es el mecanismo por el cual el sujeto rompe y resuelve el *impasse*. Conlleva necesariamente un cambio en la representación subyacente del problema, es decir, una reconceptualización del estado inicial. Esto es posible, ya sea mediante un proceso de recuperación interna de conceptos almacenados en la memoria a largo plazo o mediante el uso de pistas externas que se encuentren disponibles (Weisberg, citado en Chronicle *et al.*, 2004).
- **Adquisición de un tipo de comprensión más profunda:** es la manera más apropiada de entender el problema, lo que conduce a la solución correcta de este.
- *Suddenness***:** es la experiencia de vivencia de *insight*. Se trata de un fenómeno espontáneo y abrupto que suele reportarse subjetivamente como una experiencia de tipo «¡Ajá!» o «¡Eureka!» al momento de aparecer la solución y que es acompañado de un componente emocional.

Por su parte, Bowden & Jung-Beeman (2007) señalan que lo interesante de esta concepción psicológica del *insight* es que permite deducir algunos supuestos importantes para arribar al campo de la investigación del consumidor, tales como:

- El *insight* ocurre cuando el sujeto logra reinterpretar o re-representar el problema, deshaciéndose de restricciones autoimpuestas. Esto significa que al estudiar a los consumidores debemos partir de suscitar y alentar la confrontación de supuestos y convenciones dadas en el *marketing*, así como promover el pensamiento lateral por vías heurísticas.

- El *insight* ocurre cuando el sujeto logra desarmar los paquetes cognitivos (*chunks*) en los que está almacenada la información relacionada con este. Ello implica que debemos primero entender los significados actuales del consumo para que, a partir de estos, podamos desarrollar significados que supongan formas alternativas de pensar el consumo.

- El *insight* ocurriría solo cuando el individuo se dé cuenta de que la meta no es alcanzable por los medios tradicionales que ha estado empleando ni por aquellos relacionados con esta línea; por ende, debe encontrar nuevas herramientas para conseguir su objetivo. En términos de la investigación comercial, ello implicaría seleccionar un nuevo set de técnicas o juegos creativos que permitan a los consumidores ensayar representaciones novedosas del consumo, en lugar de emplear únicamente la entrevista y la observación tradicional. Se trata de impulsar e incentivar la capacidad del consumidor para mirar más allá de lo evidente o de lo ya dado.

- El *insight* puede ocurrir ante situaciones de conflicto de diversas modalidades, pues no se restringe a algún tipo en particular, ya que es el origen de una tensión que requiere ser resuelta. En términos de la experiencia del consumidor, ello supone entender las brechas existentes entre su situación actual (yo actual) y su situación deseada (yo ideal). Esta diferencia, que puede ser causal de conflictos o *disconfort* psicológicos, ocultaría los *insights* del consumo.

- En tanto procesos intuitivos y repentinos, la experiencia de *insight* puede presentarse en extensiones de tiempo diferentes, algunas después de largos periodos de *impasse* frente al problema, y otras en periodos muy cortos. Ello supone que dediquemos tiempo y esfuerzo en conocer la vivencia de los consumidores y los roles de los productos en sus vidas. Solo en la medida que acumulemos experiencias y contactos repetidos con el consumidor podremos llegar a este fenómeno de revelación repentina (*suddenness*) tan característico del *insight*.

Insumo base para una filosofía empresarial orientada al consumidor	**Insumo base para la planeación estratégica del *marketing* y la publicidad**
Pone al sujeto de *consume* como eje de cualquier oferta o promesa.	Origen para comunicación más emocional, profunda y significativa con consumidores
Insumo base para generación de nuevos conceptos de posicionamiento	**Insumo base para la comprensión a profundidad de los consumidores**
Reorientar las estrategias convencionales y plantear nuevas ideas de innovación	Convertirse en una vía para la satisfacción plena de consumidores por medio de acciones de *marketing*

Gráfico 9. Concepción del *insight* del consumidor desde nuestra perspectiva

En conclusión, existen todavía entre los psicólogos y escuelas psicológicas diferencias respecto a la definición exacta de *insight*. Sin embargo, la mayoría concuerda en que es un proceso o método para la resolución de determinados problemas, siendo en general un constructo[1] que encierra una suerte de carga emocional y simbólica de la cual el individuo (consumidor) no es estrictamente consciente, pero que explica su apego a ciertos objetos.

La mirada psicológica: ver donde otros no ven para encontrar lo que otros no encuentran

La perspectiva psicológica nos permite concebir los productos como portadores de significado, es decir, como bienes de identidad. Su posesión o adquisición habla del consumidor y de su naturaleza íntima, por lo que es pertinente interpretar las dinámicas complejas y cambiantes del consumo a través de métodos etnográficos, psicológicos e instrumentos propios de las ciencias sociales. Este nivel de entendimiento es el que puede llegar a revelar significados ocultos detrás de los comportamientos de consumo para revelar sus *insights* respectivos.

La psicología del consumidor permite explorar, estudiar y escarbar el lado oculto del consumo, aquello que no es visible a los ojos. Los siguientes son algunos aportes de la psicología del consumo en la detección de *consumer insights*:

- Entendimiento a profundidad de la naturaleza del comportamiento del consumidor, el cual es dinámico, variado y complejo.
- Métodos para descubrir las leyes naturales que rigen la mente humana y la manera como se forman y refuerzan creencias

---

1   Construcción teórica para entender, en este caso, las emociones o los comportamientos de las personas.

o patrones de significados que están en la base de los *insights* del consumidor. Todo ello ha sido heredado de la psicología cognitiva.

- Métodos de análisis del inconsciente y motivaciones ocultas derivadas de la psicología freudiana y del psicoanálisis.

- Métodos de entrevista y observación del comportamiento humano propios de la psicología clínica, que luego son prestados a la investigación aplicada o investigación de mercados.

- Entendimiento de procesos de restructuración cognitiva propios de la psicología cognitiva conductual y que dan origen a los fundamentos del *insight*: comprensión súbita.

- Entendimiento de las emociones y la carga afectiva puestas en relieve en los pensamientos y actos de consumo. Las técnicas proyectivas como base para la exploración de contenidos emocionales latentes es sin duda una de las mayores fuentes de detección de *insights*.

- Teorías del condicionamiento clásico e instrumental propios de la psicología conductista que permiten entender los mecanismos del aprendizaje detrás de las conductas de consumo y preferencias hacia las marcas.

- Arte de la introspección objetiva, que permite al consumidor observar y anotar sus percepciones y sensaciones visuales, táctiles, olfativas, gustativas y subjetivas.

- La psicología humanista, centrada en la persona y su experiencia interior, que resalta su dignidad y su ideal de vida, y que enfatiza características distintivas tales como decisión, creatividad y autorrealización. Todo ello, aplicado al *marketing*, le da un valor especial al sujeto, convirtiéndolo en un ente que puede desarrollar plenamente su potencial —el cual es inherente a cada persona—, no solo consigo mismo, sino ante los demás.

Además de cuantificar el consumo, las empresas requieren comprender y entender al propio consumidor en su naturaleza eminentemente cualitativa, compleja y cambiante. Esto supone identificar *insights* que alimenten la estrategia de *marketing* y la hagan acorde a las necesidades y deseos más profundos de los consumidores. Solo de esta manera se logrará el objetivo de tener una visión consumocéntrica, es decir, una filosofía empresarial que devuelva al ser humano su posición primigenia en la cadena de valor.

Por todo lo expuesto, tenemos la seguridad de que la psicología del consumidor puede darnos marcos teóricos y metodológicos para interpretar la conducta humana en general, y los *insights* en particular. La psicología proporciona vías fundamentales para el acceso a contenidos latentes y hasta inconscientes en un sujeto, las que, al aplicarse al campo de la conducta de consumo, permiten la exploración de *insights*, tendencias y motivaciones ocultas. No obstante, a estas habilidades intuitivas y marcos interpretativos de la psicología deben sumarse las habilidades de comunicación, innovación y estrategia para poder accionar estos *insights* o plasmarlos en acciones de *marketing* concretas.

CASO PRÁCTICO ¿CONEXIÓN O TRANSFORMACIÓN?: EL *INSIGHT* COMO INSUMO PARA LAS TELECOMUNICACIONES

En la actualidad nos encontramos frente a una generación de ciudadanos con identidades cada vez más líquidas y espíritus transformadores activos, que no siguen visiones únicas ni se rigen por parámetros convencionales, sino que buscan visibilizar sus rostros, hacer escuchar sus voces y defender propósitos o causas reales poniendo en acción sus ideas.

En ese contexto, las empresas dedicadas a las telecomunicaciones pueden y deben preguntarse qué tipo de causas pueden abanderar si realmente quieren conectar con los ciudadanos. ¿Es la comunicación únicamente un mecanismo de intercambio o también una herramienta para la transformación social? Los jóvenes buscan alzar su voz no solo como forma de indignación, sino como un llamado al cambio.

En las diferentes investigaciones que hemos realizado con jóvenes, pero también con el sector de telecomunicaciones en diversos espacios y segmentos, nos ha parecido determinante el rol de esta industria para construir espacios de entendimiento y de diálogo. Esta necesidad de apertura se hace evidente en un contexto de descrédito, desesperanza y desencanto ciudadano como el que viven nuestros países, producto de la crisis inflacionaria postcovid.

El desafío de conexión cultural

Las telecomunicaciones tienen el desafío de resignificar su propuesta de valor a fin de generar una conexión con el ciudadano, más allá de los territorios comunes (cobertura, planes, conexión ilimitada y demás). Esto nos lleva a preguntarnos: ¿realmente cuál es el rol de las telecomunicaciones en la vida de estas personas?

Nos toca adentrarnos aún más en la cotidianeidad de los usuarios de telecomunicaciones, y hacerlo desde la inmersión en sus espacios clave de encuentro (las calles), pero también explorando sus conversaciones en la vida real y virtual. Conversar con ellos en encuentros grupales e individuales buscando tener diversidad de pensamientos, procedencias y posturas, es una de las vías para lograr entender su perspectiva.

Se trata de identificar el rostro del ciudadano, y lo que más llama nuestra atención es que para muchos de ellos el respeto a lo que no es «normal» es la nueva normalidad. La mirada que el individuo tiene de sí mismo es bastante clara al respecto: se busca desafiar la conexión intrascendente y apostar por curiosidad propositiva/activa como norma.

Estamos ante una nueva generación de ciudadanos que consideran la lealtad a sí mismos como sello de identidad: «Soy un joven con curiosidad por las cosas, que respeta y valora la diversidad. Con apertura mental, se mueve el mundo». La propia identidad se pone sobre el tapete: «Pienso que las minorías poco a poco están creciendo, y me parece bien que las personas marquen cómo son en realidad y que el mundo ya no te encasille... A veces me preguntan si soy *gay*, homosexual, yo digo SOY KARIM, no tengo una etiqueta».

Los motiva a autodescubrirse y (re)aprender quiénes son y por qué luchan: «Me motiva descubrir cosas nuevas, el poder reinventarme, viajar, redescubrirme y explorar nuevas facetas. No solo estar de paso, sino dejar algo que trascienda, hacer algo por el mundo». Es interesante ver aquí el sentido de resiliencia que tienen para afrontar situaciones que los encasillan o limitan.

Les preocupa que haya indignación, pero no acción; en cierta forma son jóvenes que buscan apostar por ideales y no solo por ideas: «Me preocupan la discriminación, las injusticias, la crisis moral y social, el medioambiente y el cuidado de los animales. Quiero aportar a la sociedad de manera activa y trascendente».

Su relación con la tecnología es híbrida, y hasta cierta forma ambivalente; se mezclan aquí sentimientos encontrados: «La tecnología nos conecta con los que están lejos, pero nos desconecta de los que están cerca». Existiría una creciente preocupación por una tecnología e industria de las telecomunicaciones que permita también «desconectar» o invitar a las personas a tener mejores conversaciones, abrazos e intimidad fuera del ámbito del celular. Es decir, se buscaría un compromiso con la conexión auténtica y trascendente.

De igual manera, los jóvenes de hoy buscarían seguir a personas «con algo que decir, más que palabras vacías». Habría un cuestionamiento a los *influencers* intrascendentes con mucho postureo en las redes, pero con poca autenticidad fuera de ellas: «Sigo a *influencers* que hablan del cuidado del planeta, que no solo quieren ser apreciados, sino también defender causas».

En general, vemos a jóvenes que buscan un mundo de telecomunicaciones, y mejores posiciones para generar cambios reales de interconexión con individuos distintos entre sí, como comunicación entre gente de diversa procedencia, lenguaje, raza, orientación y hasta forma de pensar. Se busca la integración a pesar de las diferencias. Aparentemente, el verdadero rol de las telecomunicaciones radicaría en acercar o tender puentes de conexión para un país que pueda hablar más y mejor, alzar su voz y lograr ser escuchado.

Human insights

Está claro que para el ciudadano de hoy las acciones dicen más que las palabras. Frente a una sociedad de voces superficiales y discursos vacíos, que impone estereotipos y muestra una realidad cada vez más *photoshopeada*. Muchos necesitan que se reivindique el sentido de la comunicación y el poder que tiene para generar un cambio.

En cierta forma, más que conexión, se busca ¡movilización! Desde esta perspectiva, la verdadera comunicación es aquella que desafía el *statu quo*, rompe las etiquetas y se convierte en un medio de expresión y transformación social. La comunicación ya no se queda en enviar y recibir mensajes, sino en construir valor a partir de las distintas voces juveniles. «Conexión es más que internet».

Entendimos que lo más importante de la comunicación no está dentro del celular, sino en el impacto que tiene en el entorno. «Yo quiero que mis mensajes no solo se queden en el celular, sino que también se hagan oír en la calle».

La estrategia de conexión cultural

Queda claro que entre los ciudadanos existe una búsqueda por normalizar las diferencias y apostar por una conexión genuina y real. Algún joven nos dio la pista cuando nos señaló muy enfáticamente: «Cuando dejas de hablar de "minoría" y comienzas a hablar de "autenticidad", conectas». Sentimos que el desafío de las telecomunicaciones y la propia sociedad estaba en combatir los paradigmas y tejer puentes entre quienes son distintos.

Por tanto, la estrategia de unas telecomunicaciones modernas estaría en promover el cambio del «chip mental» en la industria y limitar la comunicación a un paquete de datos o aplicaciones preinstaladas. Habría que revalorizar la comunicación como una herramienta de transformación digital y cultural. No se trata de telecomunicaciones ampliadas, sino de una red de confianza ampliada; de cómo podemos impulsar una sociedad más justa y equitativa donde todos se escuchen y todas las voces cuenten.

En particular, parece importante la conexión a nivel de compromiso con la diversidad: «Más que cobertura (llegar a todos), inclusión (unir a todos)». Desetiquetar a los jóvenes por su procedencia y más bien enfatizar en su esencia. Hacer una especie de «*unboxing* social».

Otra gran forma de conexión tiene que ver con la autoexpresión y sensibilidad artística: hoy en día, muchos ciudadanos usan las artes expresivas como una forma de conexión: «Lo que no digo con palabras, lo digo con arte». Incluso la misma ironía o el sarcasmo son importantes formas de expresión y desfogue social: «No puedo cambiarlo, pero al menos me puedo reír».

Finalmente, resulta importante para una auténtica conexión resaltar el sentido de realidad: «Más realidad, menos filtros». Existe una especie de agotamiento sobre códigos hiperendulzados, utópicos o irreales. Temas como el emprendimiento, la corrupción, el racismo, el clasismo y la defensa del medioambiente, entre otros, emergen como grandes factores de conexión.

En conclusión, los operadores telefónicos requieren conectar desde la cultura, y pasar, tal vez, de vender los planes con llamadas ilimitadas a vender experiencias ilimitadas y ampliadas. Una cobertura mayor en realidades distintas y en acciones de cambio. La voz de los ciudadanos requiere ser potenciada, y es claro que la comunicación para ellos trasciende la funcionalidad. Telecomunicación es sobre todo aceptación de la diversidad y posibilidad de diálogo entre distintos: «Como en *Stranger Things*, todos son diversos y son súper amigos».

Los aprendizajes

La investigación de *insights* permite volver a mirar hacia una población a la que, al igual que otras, se suele estigmatizar, poner etiquetas y adherir prejuicios que lejos de acercarnos, nos aíslan social y comunicacionalmente. Una sociedad con paradigmas crea un ciudadano con limitaciones. La tecnología no podrá hacer nada mientras sigan existiendo los paradigmas. De nada sirve el empoderamiento tecnológico con disminución social y mental. Por ello es vital escuchar a profundidad lo que la calle nos dice, que en ocasiones dista de lo que pensamos en el escritorio.

PARTE II

LOS *CONSUMER INSIGHTS* COMO INSUMOS PARA LA PLANIFICACIÓN ESTRATÉGICA DE MARCA

DEFINICIÓN DE *CONSUMER INSIGHTS*: QUÉ SON Y CÓMO SE INSCRIBEN EN LA ESTRATEGIA COMERCIAL

La diferencia entre los niños y los adultos es el costo de sus juguetes.
iPods, iPads, iPhones

Como ya mencionamos, la concepción de *insights* ha ido reconstruyéndose con el pasar del tiempo, y «comoditizándose» en la industria del *marketing*; sin embargo, su esencia como acto o resultado de aprehender la naturaleza íntima de un fenómeno o cosa intuitivamente, a partir de una observación aguda, sigue vigente.

Los *consumer insights* vistos por la literatura: gatilladores emocionales

> *Los* insights *del consumidor representan una comprensión fresca, y aún no obvia, de las motivaciones, valores, deseos y necesidades más profundas de los consumidores, que constituyen la base de una estrategia competitiva para las empresas.*
> MOHANBIR SAWHNEY

La literatura define los *insights* desde diferentes perspectivas, por ejemplo, tenemos la visión de los expertos en *management*, cuya definición de *insights* está ligada al desarrollo de capacidades estratégicas y crecimiento del negocio sobre la base de decisiones informadas. También está la visión de los investigadores del consumidor, que encuentran en los *insights* una herramienta muy poderosa para convertir datos en revelaciones que impulsan recomendaciones sólidas para los negocios. O la visión de los planificadores estratégicos o profesionales de la publicidad que ven a los *insights* como insumo central del *brief* y la estrategia creativa, y como motor de la estrategia de comunicación. Y, finalmente, la visión de los expertos en innovación, que ven los *insights* como gatillo o disparador de nuevas ideas de productos, servicios o modelos de negocio innovadores basados en un sólido conocimiento del consumidor.

El *insight* en el *management*: gestor del crecimiento

> *Marketing is not the art of finding clever ways to dispose of what you make. It is the art of creating genuine customer value.*
>
> PHILIP KOTLER

Tal vez una de las definiciones más conocidas y valoradas en el mundo empresarial sobre *consumer insight* es la propuesta por Sawhney (2003), quien sostiene que un *insight* es una comprensión fresca y no obvia de las creencias, valores, hábitos, deseos, motivos, emociones o necesidades del cliente, el cual, además, puede convertirse en la base para una ventaja competitiva. Este autor considera que la forma en que las empresas pueden obtener valor es traduciendo información en *insights* que constituyan la principal fuente para una organización; para ello, sugiere incluir un pensamiento estratégico, un pensamiento disruptivo y la capacidad de mirar el futuro más que el presente.

Sawhney señala como características ineludibles de un *insight* su potente diferencial sobre un dato en base a la procedencia de fuentes inusuales, así como su carácter eminentemente cualitativo e interpretativo (no literal), el cual permite llegar a nuevas y reveladoras formas de entender el comportamiento del consumidor, además de ganar ventaja competitiva sobre las demás organizaciones. Por tanto, las perspectivas del consumidor (*consumer insights*) pueden ser la base de grandes avances en cuanto a la innovación y la creación de valor de un producto; no obstante, pocas compañías comprenden bien cuáles son las perspectivas del consumidor y cómo pueden crear un proceso sistemático para obtener dichas perspectivas. De ahí la necesidad de un enfoque diferente en la investigación de consumo: la investigación inductiva que se diseñó para generar *insights*.

Otro de los autores que ha estudiado el concepto de *insight* a profundidad, desde el campo empresarial, es Fortini-Campbell (2001), quien planteó la necesidad de enfocarse en los consumidores como primer paso hacia el éxito empresarial. Desarrolló además el concepto de *sweet spot*, que es la confluencia entre el *insight* del consumidor y el *insight* de marca. Este *sweet spot* sería el lugar en la mente del consumidor donde la marca haría una conexión más rápida, con menor esfuerzo y más efectiva. De ahí la necesidad de enfrentarnos a la realidad del consumidor desde su propia experiencia y no desde la nuestra; desde una perspectiva antropológica o etnográfica, compartiendo espacios de actividad con los propios consumidores y conocer su *modus vivendi*.

En la misma línea, desde el ámbito de la estrategia de negocios, Armstrong & Kotler (2002) definen los *consumer insights* como una comprensión fresca de los clientes y el mercado, derivada de la información del *marketing*, los mismos que se convierten en la base para la creación de una mejor relación con los clientes. Para estos autores, los *consumer insights* forman parte del sistema de inteligencia comercial de una empresa, los cuales deberían tener información accesible y disponible para la toma de decisiones; más allá de contar con mayor información, se trata de poseer mejor información. De esta manera, se considera que necesitamos cambiar hacia una mentalidad mucho más centrada en el consumidor, empleando para ello la palabra mágica: *consumer insight* (Kotler *et al.* 2006).

Por su parte, Copeland & Forsyth (2011), de la consultora McKinsey, sostienen que los *insights* del consumidor representan una forma más precisa de entender los deseos y necesidades de los consumidores, los cuales son requeridos a nivel corporativo y no solo en términos de información *insightful*, es decir, en tanto puedan ser conectados y accionados a lo largo del negocio. Para que esto suceda, se requeriría contar con el apoyo de la gerencia general o cabeza de la unidad de negocio, logrando que los principales líderes prioricen este conocimiento y creen valor del entendimiento del consumidor. De igual forma, sería importante que la organización escuche la voz del comprador al momento en que son tomadas las decisiones de negocio. Finalmente, también es necesario crear equipos interdisciplinarios que aseguren que los *insights* revelados puedan ser trasladados en productos y servicios reales y rentables.

El *insight* en la investigación del consumidor: descubrimientos y revelaciones

> *Si cavas siempre en el mismo hoyo,*
> *siempre vas a encontrar la misma tierra.*

En los últimos años, el tema de los *insights* del consumidor ha estado presente en las conferencias y debates de las agremiaciones de investigación de mercados. La Sociedad Europea de Opinión e Investigación de Mercados (Esomar), considerada como el gremio mundial de la industria de investigación de mercados, realizó una conferencia sobre *consumer insights* en 2009, en Dubái; y la Asociación Mexicana de Investigación de Mercados (AMAI) hizo lo propio en 2008. Conferencias similares han sido realizadas por la Sociedad Argentina de Investigadores de Marketing y Opinión (Saimo) en 2012, y la Asociación Peruana de Empresas de Investigación de Mercados (Apeim), en 2009.

Según un estudio realizado por McKinsey (Esomar, 2008), las compañías de mejor *performance*, es decir, aquellas cuyos resultados eran, por lo menos, dos veces superior a la media, gastaban significativamente más tiempo en desplegar estudios de desarrollo de productos y *shopper insights*. De ahí se concluye que los procesos de captura y análisis de la experiencia del consumidor y su aplicación al desarrollo de productos e innovación serían las claves del futuro éxito empresarial.

En general, entre los investigadores de consumo, parece una convicción que los servicios de recolección de datos y otros de investigación estándar se vuelvan populares. Es así que el éxito será de aquellos que sean capaces de ofrecer un valor agregado; en otras palabras, el éxito será de quienes puedan transformar datos en *insights* y sugerir decisiones de negocios más inteligentes o agudas (Esomar, 2008).

Para Phillips (2007), el real desafío empresarial estaría en descubrir cómo la gente se siente, más que en cómo piensa, ya que los sentimientos están ligados a las más profundas necesidades y valores. Las personas se ven menos tentadas a decir abiertamente que se sienten amadas, seguras, engreídas, saludables, inteligentes, aventureras y productivas, que a expresar que esperan productos económicos, sabrosos o con una larga garantía. Por tanto, encontrar un *insight* basado en emociones profundas se hace mucho más difícil, y este se constituye en la clave del éxito. Phillips propone ejemplos de marcas que han edificado propuestas de valor basadas en *insights* potentes, entre las que destacan Mastercard, Dove y Payless Shoes.

Otro de los investigadores cuyo foco es el estudio de los *insights* es Smith (2008), quien entiende este concepto como un paso evolutivo en la industria de la inteligencia comercial, aquella que se enfrenta a un panorama más competitivo y que tiende a buscar información más relevante y accionable para el negocio. Los *insights* representan así una evolución de los datos e información de mercado. El *insight* supone el uso de la intuición de negocios para tomar decisiones, y una apuesta por una mayor *irrational based decision making*. Smith

(2008) define el *insight* como una mezcla entre el *eureka moment*, que es la habilidad para pensar diferente y agrupar conocimiento; y los momentos de *profound understanding*, que suponen intuir el real significado o significancia de algo, es decir, que el *insight* conecta una idea con una solución de negocio.

Por su parte, Bond (2008) señala que vivimos en un mundo de *insights*, y que los investigadores han sido remplazados por gerentes de *insights* (*insight managers*), que guían nuestros productos *brandeados* en función a *insights*, así los gerentes de *insights* guían la innovación actual. En su criterio, una investigación que abone a favor de construirlos debería cambiar la pregunta típica: ¿por qué la gente no compra el producto?, a una orientación más propositiva: ¿por qué alguien querría comprarlo? De esta forma, se considera a los *insights* como el primer paso en la redefinición de conceptos e innovación, suponiendo para ello el tener una inmersión completa en el mundo del consumidor, y convertir las observaciones registradas en *insights* accionables que disparen ideas excitantes.

Leapfrog Strategy es otra de las consultoras reconocidas de *insights* y estrategia en el mundo, que posee una visión de *insight* muy ligada a la estrategia de *management* y al pensamiento disruptivo y estratégico. En su concepto, el *insight* del consumidor proviene de una mirada que se encuentra más allá de lo obvio, que incluye el considerar al consumidor como ser humano antes que como ente económico. Ir más allá de lo que la gente dice para profundizar en lo que hace y evitar los absolutismos de una «única verdad posible», buscando las diferentes posibilidades que provee nuestra imaginación para tomar decisiones más estratégicas/diferenciadas (Leapfrog Strategy Consulting, 2011).

Puri *et al.* (2007) concluyen que un *insight* es «una clara, profunda y permanente percepción de la verdad fundamental en el que una situación está basada» (p. 24). Para estos autores, el *insight* responde mejor a la pregunta «¿cómo (sucede)?», que a la pregunta

«¿qué (sucede)?», y debe ser considerado en singular más que en plural, pues al margen de poder encontrarse varios hallazgos interesantes a lo largo de la investigación, deberá emerger una única gran idea producto del rigor, compromiso y pasión por la búsqueda, y la habilidad para interpretar el comportamiento dentro de un contexto. Para identificar el *insight*, los autores proponen las siguientes técnicas:

1. Observación del entorno: «Conocer la diferencia entre "mirar" y "observar" es extremadamente crítico, y hace la diferencia entre encontrar un verdadero *insight* y simplemente encontrar un hallazgo» (p. 29).

2. Amplitud de conocimiento e información para realizar interpretaciones a partir de lo que vemos: «La diferencia entre un buen investigador y un superlativo cazador de *insights* viene de la habilidad del cazador para absorber e imbuir conocimiento de cualquier fuente en cualquier momento, en verdad, constantemente» (p. 29).

3. Tener una visión periférica y de contexto que permita entender los diferentes grupos de consumidores, las normas culturales, los comportamientos sociales y las posibles fuentes de significado. «Para nosotros, como investigadores, es una lección de cómo movernos fuera de nuestros escritorios e ir hacia las calles para encontrar esta habilidad de observar y obtener una información de primera mano. Al hacer esto agudizamos nuestro instinto cazador y apuntalamos al último paso de la obtención del *insight*» (p. 30).

El *insight* en el planeamiento de marcas: insumo estratégico y creativo

En el corazón de cualquier filosofía creativa está la convicción de que nada es tan poderoso como un insight *en la naturaleza del hombre, qué compulsiones lo dirigen, qué instintos dominan sus acciones, aunque muchas veces su lenguaje esconda lo que realmente lo motiva.*

BILL BERNBACH

Uno de los ámbitos donde los *insights* han tenido mayor repercusión y espacio en los últimos años es el de la planificación estratégica o *account planning* en el ámbito de la publicidad, área íntimamente ligada al conocimiento del consumidor y la incorporación de este conocimiento en la estrategia comunicacional. Los *planners* o planificadores estratégicos se han convertido en las principales fuentes de *insights* al interior de las agencias, ya que alimentan la estrategia con fuentes de información del consumidor, contexto, competencia y mercados.

El Account Planning Group de Inglaterra define la planificación estratégica como la aplicación de un pensamiento disciplinado, perspicaz y estratégico a partir de los *insight* del público objetivo, que tiene un impacto significativo y demostrable en la calidad y efectividad de la comunicación de *marketing* de una marca (Baskin, 2001). Por otro lado, West y Ford (citados por García Guardia, 2009) se refieren al *account planning* como el proceso de destilar los *consumer insights* de la investigación con el objetivo de integrarlos en el desarrollo creativo de la publicidad y en las estrategias de comunicación de la marca.

A decir de Hackley (2003), el planificador estratégico se vuelve entonces «la voz del consumidor» dentro de la agencia, con lo cual debe ser capaz de conocer sus necesidades, valores sociales y significados. Según este autor, es uno de los objetivos centrales en el rol del *planner* integrar los *consumer insights* en el desarrollo creativo publicitario, y no solo realizar investigación creativa del consumidor. Se trata de una mirada más activa y propositiva, que se resume en estos términos:

> La noción pasiva de investigación de mercados es reemplazada por la noción activa de *consumer insight*. La idea de una investigación como recolección de datos es reemplazada por la idea de una investigación como procesos de interpretación de datos. El énfasis en la investigación cuantitativa debe ser equiparada con igual énfasis en *insights* cualitativos. (p. 452)

Los *insights* del consumidor constituyen, así, insumos estratégicos para reforzar y soportar las ejecuciones creativas, de modo que son los *planners* los llamados a revelar estos *insights* a través de la investigación, y también quienes deben ser capaces de integrarlos estratégicamente en la comunicación publicitaria, apoyando a los equipos creativos.

Tal vez uno de los mejores y más clásicos ejemplos del uso de *insights* en la comunicación se ve graficado en la campaña *GOT MILK?* realizada por la agencia Goodby, Silverstein & Partners. Esta campaña habría partido de un estudio de *deprivation test* (metodología no tradicional de investigación del consumidor) para dar con la idea de asociar la leche con alimentos dulces, en un contexto donde era cada vez más visible la caída en el consumo de leche en California.

Para Soler (1993), la labor del *planner*, desde sus inicios trabajando con Stephen King en 1964, es combinar la investigación del consumidor y los *insights* para así conseguir una publicidad más creativa y eficaz; de este modo, «la voz del consumidor» es tomada con mucha importancia para efectos de tener una mayor ventaja sobre la competencia. Es por esta razón, quizás, que la mayor parte de la información hoy disponible de *insights* aplicados al *marketing* y publicidad provienen de esta fuente, lo que ha abierto un camino hacia la conceptualización no solo de *insights* del consumidor, sino de *insights* de la comunicación o *insights* publicitarios.

El valor de los *insights* en la comunicación estaría en la capacidad de encontrar productos y mercados vírgenes, en ser capaz de crear o inventar mercados y poder comunicarlo de la manera más atractiva posible. Para ello, la publicidad deberá nutrirse de información adecuada sobre la conducta que tiene el consumidor. De allí que Soler (1993) afirme que «el *consumer insight* resulta ser la pieza clave fundamental en la nueva era del *marketing*, y será el verdadero valor diferencial de la investigación de mercados» (p. 3). Entre los ejemplos que se brinda sobre este tipo de estrategias, la marca Dell cuenta que fue capaz de comprender las necesidades del consumidor. Cambió la distribución clásica de las computadoras de los canales tradicionales (tiendas especializadas) y dio paso a la producción a pedido, lo cual permitía no solo abaratar costos de distribución, sino también, personalizar el producto y adaptarlo a las necesidades del comprador. La teoría de Dell pasa de conceptualizar la tecnología como una herramienta a ser un mecanismo de poder (*the power to do more*) accesible a todos. De hecho, parte de la herencia de marca radica en el empoderamiento del consumidor por sobre la tecnología. Según los directivos de la marca, el propósito de esta radica en que «la tecnología no debería ser un privilegio, sino que es esencial para el éxito humano» (Caroll, 2011).

Los *insights*, desde el punto de vista de la mayoría de *planners*, únicamente difieren de los procesos de investigación y se acercan a una concepción de descubrimiento o revelación que puede ser ecléctica o también no convencional. En una reciente presentación a la Miami Ad School, Law (2009), planificador estratégico de Advertising Planning at Fabric, puso en consideración dos temas que nos parecen centrales:

- Los *insights* difieren de la investigación. Están más cerca de lo que llamamos «descubrimiento» que de la investigación propiamente dicha. En el criterio de Law, la labor de descubrir *insights* iba más allá que simplemente investigar, ya que un *insight* es una revelación que produce un gran resultado y que es algo que no habíamos pensado antes. De esta manera, hace una distinción entre observaciones e *insights*. Las observaciones pueden no ser lo suficientemente astutas para ser consideradas *insights*.
- El *insight* surge de la intuición, y no de la razón, por ello requiere ser capaz de convertir las observaciones en hallazgos mediante un proceso de disrupción. Sin embargo, advierte, no deberíamos obsesionarnos con los *insights*, pues no se trata de imperativos, sino de abrepuertas a las ideas creativas.

La comunicadora española Belén López (2007) plantea que *insight* es un concepto nuevo que se relaciona con la publicidad emocional y que ha revolucionado las técnicas para conocer al consumidor de manera profunda. Los *insights* se basarían en proyecciones psicológicas emocionales derivadas del uso de los productos, que luego son reflejadas en la publicidad generando conexión. La metodología se basaría, por tanto, en rastrear las emociones (por ejemplo, ¿qué sientes cuando ves a tu personaje favorito de la serie de televisión?), así como conectar asociaciones, significados e historias que carguen afectivamente al producto. Para López (2007), el reto de la publicidad es crear nuevas experiencias, y por tanto, «enamorar a los consumidores, quizás sea la principal razón de la comunicación» (p. 35). Presenta a Ikea como ejemplo de una marca que ha podido responder a estas emociones mediante su campaña «Bienvenido a la República independiente de tu casa».

En el ámbito latinoamericano existen algunas aproximaciones a los *insights* por parte de estrategas de la comunicación y *planners,* entre los que podemos nombrar a Pablo Lezama, Alessandra Buscemi, Juan Isaza, Rogelio Umaña o Carlos Dulanto desde el ámbito del *planning,* o a Marcelo Ghio y Diego Kerner desde el ámbito del *branding.* Por supuesto, no creemos que sea una lista exhaustiva, porque en verdad el término *insight* parece ser un concepto en evolución y permanente reinvención.

Juan Isaza (2009) es uno de los estrategas que ha contribuido a la comprensión del *insight* dentro del ámbito de las comunicaciones. Él llegó a la conclusión de que los *insights* son nuevas formas de ver las cosas, y si, además de ser simple y verdadero, es sorprendente, entonces «¡es un tesoro!». La contribución mayor de Isaza a la comprensión del *insight* radica en los cinco factores del *insight*, tal como él los denomina:

- Un *insight* nace de la intuición: no es un dato, una cifra o un conocimiento específico. Tiene mucho más que ver con algo que nace de la intuición.
- Un *insight* es sorprendente: es pensamiento lateral, en la medida en que no resuelve las cosas como esperaríamos.
- Un *insight* implica nueva visión: genera una reflexión sobre algo que antes solo asumíamos de una manera.
- Un *insight* implica perspicacia: muchas veces implica una mirada descarnada, no muy «políticamente correcta» de una situación.
- Un *insight* es una revelación: es algo que, aunque siempre ha estado frente a nosotros, nunca nos habíamos detenido a pensar.

En el ámbito peruano, debemos reconocer el esfuerzo de Dulanto (2010), quien profundiza en los orígenes del *insight* partiendo de la psicología y derivando en la publicidad. Su mirada, proveniente de las comunicaciones, le permite afirmar que:

> El *insight* es el corazón de la publicidad, un corazón que bombea sangre cargada de experiencias. Experiencias reales y cotidianas del consumidor, enlazadas a los beneficios que el producto pueda brindar, y a las emociones que en conjunto puedan generarse, llenando de vida al cuerpo, la pieza publicitaria. El *insight* transforma al consumo en una experiencia, y esto satisface al receptor. (p. 106)

Sin embargo, tal vez la mayor contribución de Dulanto sea la de plantear un esquema de clasificación de los *insights* publicitarios en tres grandes grupos: *insights* madres, *insights* prácticos e *insights* mayéuticos, y establecer lúcidos ejemplos extraídos del entorno, la conducta humana, la sociedad, las costumbres y creencias, y la cultura para definir su tipología.

Otro grupo de especialistas en comunicación relacionan el concepto de *insight* con el desarrollo de propuestas de *branding*. En este marco se encuentra el especialista argentino en *branding* emocional Marcelo Ghio (2009), quien, si bien no habla específicamente de *insight*, su visión de la construcción de marcas alude estrechamente a la conexión emocional y el conocimiento de la naturaleza humana: para entender cómo actúan las marcas, hay que comenzar entendiendo qué quieren de esas marcas las personas. En tal sentido, una gestión exitosa de marca partiría de conocer el mercado y, sobre todo, escuchar y entender a las personas, pues la mayor parte de los seres humanos está buscando abrazar una emoción. Las marcas, por tanto, necesitarían entender qué valores movilizan hoy a las personas.

A su vez, Kerner (2004) propone una visión en donde los *insights* serían el fundamento sobre el cual se construye la estrategia de marca. Para este autor, la revelación de un *insight* se basaría en técnicas innovadoras de *insights* que apuntan a abrir nuevas ventanas de entendimiento más allá de los tradicionales *focus group*. Desde su perspectiva «*insights is about opening new windows*». En su opinión, existen técnicas de 360 grados para obtener *insights,* por ejemplo, las inmersiones en el mundo del consumidor, entrevistas a expertos, análisis de categorías alternativas y diferentes pero relacionadas con el mismo consumidor, observación y filmación de consumidores al momento en que actúan/consumen, exploración de opiniones contrastantes de consumidores extremos como *heavy users* y desertores de la marca, análisis de la semiótica del consumo, la exploración de la categoría en un mercado más avanzado para cazar ideas de innovación y la caza de innovación disruptiva en otros mercados (Kerner, 2004).

El *insight* en la innovación y el diseño: gasolina para las ideas

Además de la visión de los expertos en *management*, investigación del consumidor, *planners* y comunicadores, está la visión de los expertos en innovación, para quienes el *insight* constituiría un insumo clave para el desarrollo de nuevos productos, compartiendo un espacio de importancia al lado de las tendencias del consumidor.

La consultora líder en innovación en el mundo, IDEO, plantea una estrategia holística para desarrollar nuevas ideas que empieza en el entendimiento del consumidor: *human desirability*. Sostienen que se trata de observar a la gente: «*It is all about looking at people and seeing things from their viewpoint, not yours*». A través de investigación creativa, convierten observaciones en *insights*, y luego los *insights* en estrategias y oportunidades.

Como parte de su política o cultura de innovación sostienen lo siguiente: «*Keep consumers at the heart of what you do. But don't listen to everything they say; use your intuition*».

El especialista en innovación colombiano Diego Parra Luque (2006) considera los *insights* del consumidor como un tipo de información cualitativa relevante para poder producir innovaciones en el corto plazo, que estaría ligada a la capacidad de observar con agudeza los diferentes comportamientos, rituales y conductas de las personas. La mejor información está en la calle y no en las estadísticas. Muchas veces, antes de entrar a una de nuestras sesiones de producción de ideas, llevamos a los participantes a mirar qué ocurre en los puntos de venta, barrios y supermercados. Esto nos permite observar de primera mano cómo se están comportando los consumidores y qué tipo de cambios se pueden aplicar a un producto, un empaque o a la forma como este artículo llega al cliente para mejorar su experiencia de compra o de uso.

Parra (2006) propone como ejemplo de un buen *insight* del consumidor el hecho de que los niños decidan por una marca determinada de cereales para el desayuno no en función de los muñequitos que aparecen dentro de la caja, los colores del empaque o los personajes publicitarios, sino en función de que el cereal no se ablande cuando se mezcla con la leche después de algún tiempo. Para los niños es muy importante que su cereal continúe siendo crocante mientras ellos lo están disfrutando, a pesar de que esto no es del todo manifiesto y constituiría un insumo importante de cara a la innovación o reformulación de los cereales dirigidos a niños.

En suma, hemos visto diversas definiciones de *insights* dependiendo de la perspectiva, enfoque o utilidad esperada de estos en el ámbito del *management*, la investigación, la planificación estratégica o la innovación. Es claro que no todas las definiciones dadas, o sus ejemplos, pueden ser consideradas *insightful* a la luz de lo que hemos esbozado como un *consumer insight*. De allí la necesidad de detallar nuestra posición al respecto, señalar las bases de lo que es un *insight* desde la perspectiva de la psicología del consumo y delinear las características y método para su generación y uso en el campo del *marketing*.

Las 5 verdades desnudas del *consumer insight*: revelación, intuición, disrupción, socialización y acción

> *Cada quien escribe su historia en la cancha.*
> *La jugada dura un segundo, la leyenda es para siempre.*
> Nike: Write the future

Una vez repasadas las visiones de la literatura en torno al *insight*, me gustaría compartir mi visión personal: ¡mis cinco verdades!

A mi criterio, el *insight* representa una verdad fresca y no evidente sobre el comportamiento de los consumidores, que redefine nuestra comprensión del consumo y la propia relación consumidor-producto. Por tanto, un *insight* explica por qué compramos lo que compramos, aunque a veces no seamos conscientes de ello. Asimismo, es capaz de identificar hallazgos reveladores sobre la conducta del consumidor que antes este no pensaba o conocía, lo que nos permite comprender los productos no solo como meros satisfactores de necesidades funcionales, sino también como satisfactores de necesidades más profundas, latentes, no manifiestas y hasta inconscientes. El producto se convierte así en un mediador de nuestras ansiedades, motivaciones, deseos, pensamientos o creencias más encubiertas, y puede representar emociones o significados profundos.

En mi trabajo como *insighter*, psicóloga del consumo y profesional del *marketing* he visto muchos *insights* en *briefs* publicitarios y estrategias de *marketing* que no siempre cumplían con ser verdades desnudas del consumidor, reveladoras e inspiradoras, sino más bien observaciones aisladas, datos fácticos o incluso informaciones del consumidor. Esto me impulsó a explorar aquellos criterios que podrían ayudar a identificar un *insight* y diferenciarlo del que no lo es. Por todo esto, comparto con ustedes mi experiencia desnudando la mente y el corazón del consumidor:

- Verdad revelada: el *insight* representa un descubrimiento respecto del sentir, pensar o actuar del consumidor. ¡Algo que siempre ha estado frente a nosotros, pero en lo que nunca nos habíamos detenido a pensar! Muchas veces la revelación está en descubrir estos lados emocionales y profundos (inconscientes) del consumidor que explican por qué hace lo que hace de una manera fresca y no obvia. Supone un entendimiento a profundidad de la psicología del consumo, algo que no es obvio o evidente en una primera mirada. Se trata de entender de forma diferente al producto/marca desde una perspectiva del consumidor, y no de productor, por ejemplo: «Solo una mujer sabe lo que significa la frase "ya casi estoy lista"» (El Palacio de Hierro, México).
- Verdad intuitiva: el *insight* nace de la posibilidad de apreciar lo que a veces no se ve con los ojos, sino con el alma ¡El *insight* nace de la capacidad de entender la naturaleza interna de las cosas intuitivamente! Se trata de sentir, y no solo de pensar al consumidor y el consumo. La intuición es clave en la definición de *insight* porque los *insights* no son equivalentes a datos, números o estadísticas. Supone revelar la verdadera esencia de las cosas, por lo tanto, se trata de entender aguda e intuitivamente. Muchas veces se parte de números, pero se busca trascenderlos, explicarlos, interpretarlos, por ejemplo: «La suciedad se va, el aprendizaje queda. Ensuciarse hace bien» (Ala, Argentina).

- Verdad disruptiva: un *insight* supone una nueva perspectiva del consumo y el consumidor: mirar con otros ojos y con otros lentes. Se trata de un descubrimiento nuevo y no obvio del cliente-producto que aún no es evidente. Un buen *insight* es capaz de redefinir el negocio en el cual nos movemos al proporcionar ángulos distintos para conceptualizar el consumo, por ejemplo: «Apple: ¿por qué todas las computadoras tienen que ser negras?».

- Verdad compartida: el *insight* representa una verdad colectiva o social, pues agrupa las necesidades ocultas y motivaciones inconscientes (no confesadas) de un grupo relevante de consumidores, a veces llamadas *consumer tribes*. Si el *insight* fuera una verdad individual estaríamos en el terreno del psicoanálisis y no del *marketing*. Por ello, para ser considerado realmente útil, debe tener un grado de representatividad y ser un patrón consistente registrado en nuestras observaciones/análisis, por ejemplo: «Ser madre es un estado de constante inestabilidad anímica» (Mamá Luchetti, Argentina).

- Verdad accionable: el *insight* revela una oportunidad de mercado o posible ventaja competitiva a nivel de comunicación, *branding* o innovación, que pueda atraer, retener o fidelizar al consumidor. Si no sirve, no es *insight*. No se trata de una frase bonita, inteligente o «*copy* creativo». Los *insights* deben ser capaces de inspirar el negocio y construir el crecimiento sostenido de este, por ejemplo: «Ser madre despeina, al igual que muchas otras cosas que verdaderamente me hacen verdaderamente feliz. Si pudiera elegir, elegiría que la vida me despeine» (Sedal).

N.º	Verdad	Concepto	Planteamiento	Ejemplo
1.º	Verdad revelada	Un *insight* representa un descubrimiento, algo que siempre ha estado frente a nosotros, ¡pero en lo que nunca nos habíamos detenido a pensar!	Relacionado con el consumo emocional, hedónico o social de un producto. Un consumidor no solo compra un producto físico, sino, sobre todo, experiencias, fantasías, deseos y un mar de significaciones adscritas a las marcas/productos.	«Solo una mujer sabe lo que significa: "ya casi estoy lista"» (El Palacio de Hierro).
2.º	Verdad disruptiva	Un *insight* establece una forma distinta de mirar la relación consumidor-producto, una relación antes no revelada o que estaba oculta. Mirar con otros ojos y con otros lentes.	Un buen *insight* es capaz de redefinir el negocio en el cual nos movemos, al proporcionar ángulos distintos de conceptualizar el consumo.	«¿Por qué todas las computadoras tienen que ser negras?» (Apple).
3.º	Verdad intuitiva	El *insight* nace de la capacidad de entender la naturaleza interna de las cosas intuitivamente	Se trata de sentir, y no solo de pensar al consumidor y el consumo. Los *insights* no son equivalentes a datos, números o estadísticas. Suponen revelar la verdadera esencia de las cosas, de entender aguda e intuitivamente.	«Ensuciarse hace bien» (Ala, Unilever).
4.º	Verdad compartida	Un *insight* representa una verdad compartida (no individual).	El *insight* representa una verdad colectiva, pues agrupa las necesidades ocultas y motivaciones inconscientes (no confesadas) de un grupo relevante de consumidores a veces llamadas «tribus urbanas».	«Ser madre es un estado de constante inestabilidad anímica» (Mamá Luchetti, Argentina).
5.º	Verdad accionable	El *insight* revela una oportunidad de mercado o posible ventaja competitiva a nivel de comunicación, *branding* o innovación, capaz de atraer, retener o fidelizar al consumidor. ¡Si no sirve, no es *insight*!	Del *insight* deben salir ideas sobre cómo ofrecer nuevas oportunidades de comunicación *insightful*, lanzar nuevos productos o productos innovadores, o generar estrategias de *marketing* destinadas a mejorar la relación y la fidelidad con el consumidor.	«Ser madre despeina. Si pudiera elegir, elegiría que la vida me despeine» (Sedal).

Tabla 3. Las verdades de los *consumer insights*

Los *insights* del consumidor, sumados a los de categoría y marca, contribuyen fuertemente a valorizar las marcas y gestar relaciones duraderas con los consumidores. Asimismo, permiten pasar de una relación transaccional a una relación afectiva, que es finalmente la fuente máxima de fidelidad, pues el buen trabajo de *marketing* parte de hablar no a consumidores, sino a personas.

Los mitos y verdades del *consumer insight*

> *La mejor crema de belleza es una consciencia limpia.*
> ARLETTY

¡*Insight* no es equivalente a dato!

Para muchos estrategas modernos, el verdadero desafío de las empresas no se encuentra únicamente en la información, sino en extraer valor de este conjunto de datos. La inteligencia comercial o competitiva depende de la traducción de un conjunto de información en hallazgos reveladores sobre mercado, consumidor, competencia o marca que sean fuente de ventaja competitiva. Si de un *insight* no se puede obtener una sola idea de negocio o al menos una oportunidad, entonces no es un *insight*. Es claro que para constituir propiamente un *consumer insight*, este debe ser capaz de provocar una acción de *marketing* o al menos dejar planteada la oportunidad. Por tanto, un *insight* no es equivalente a un dato o información de mercado —que reposan encarpetados— en los escritorios de gerentes, *planners* y marketeros. La información abunda, los *insights* escasean.

¡El *insight* es 99 % transpiración y 1 % inspiración!

De hecho, el *aha moment*, *serendipity* o revelación se da cuando se descubre o construye un *insight*, pero con seguridad este no es producto de la suerte, del azar o de la mera circunstancia. La identificación de un *insight* es producto del esfuerzo constante y la profunda transpiración. Hallar un *insight* supone un 99 % de transpiración y el 1 % de inspiración. Aquella compañía que no invierte horas en conocer a sus consumidores hablando con ellos, visitándolos en sus casas, observándolos cuando compran, siendo testigos de sus sentimientos, temores o deseos más ocultos o inconfesables y relacionándose con ellos, no solo en forma transaccional sino humana, no puede pretender obtener un *consumer insight*.

El *insight* supone una mirada humanista del consumo

Identificar un *consumer insight* no se trata únicamente de tener una mirada instrumental destinada a la obtención o a la caza de información accionable. El *consumer insight* surge de apostar por la verdadera comunión con el consumidor y de ponerse en sus zapatos; de tratar de entender el mundo tal y como él lo concibe, sin presupuestos, estereotipos o mitos de entrada. Uno ingresa al mundo y al corazón del consumidor cual antropólogo o psicólogo social en una aldea o comunidad, a mirar, observar y comprender. Se requiere una actitud de escucha activa y hasta de participación activa.

En una investigación de consumidor de bajos ingresos que realizamos en Lima hace unos años atrás nos tocó visitar las casas de consumidores ubicadas en la periferia de la ciudad. Lo que nos sorprendió de muchas de ellas era la prevalencia de tapetitos bordados que cubrían artefactos electrónicos, televisores, centros de mesa y demás. Más allá de nuestra evidente curiosidad, llegó hasta mí el recuerdo de mi abuela (y las casas antiguas profusamente decoradas y hasta recargadas), y las imágenes de artesanos peruanos expertos en el textil y el bordado. Luego de pensar en todo esto, conjeturando y repasado más de una hipótesis sobre por qué usaban esos tapetes, una consumidora me dio la luz que tanto necesitaba: «Aquí cubrimos todo, es que si no lo haces… ¡se llena de polvo! No ves que no tenemos piso de cemento, sino que es solo apisonado. Aquí todo es polvo y viento». Eso era. Mis ojos urbanos y citadinos me impedían notar/observar una realidad económica y física distinta a mi hábitat natural. Muchos de nosotros tenemos casas con pisos de cemento, alfombrados o de parqué, etc. Pero en las clases emergentes esto no es así. Esto nos llevó a pensar en oportunidades accionables para conectar con este consumidor. Sugerimos a nuestro cliente armar unos pisos bordados artesanalmente como elementos promocionales a manera de símbolo de intimidad y calor de hogar.

El *insight* supone identificar la conexión entre un consumidor (sujeto) y un producto (objeto)

El vínculo generado es indiscutiblemente propio, íntimo y personal. El consumidor siente algo por este producto que hace que lo ame, lo cuide, lo proteja y sea fiel a él/ella. El producto de alguna manera representa el otro yo o *alter ego* del consumidor. La imagen idílica de lo que el consumidor quiere ser, desea ser o busca ser. El producto es una extensión del propio consumidor, pero, claro, una extensión de su lado más amable y querido.

Hace algún tiempo revisaba con mis alumnos de la universidad una campaña de comunicación de una compañía líder en belleza y me llamó la atención cómo todas las fotografías mostraban a las mujeres muy altivas y perfectas. Abundaban los perfiles alzados, rostros muy cuidados y siempre con una mirada esquiva, con poses rebuscadas y, por supuesto, accesorios y ropa consonantes con una elegancia «casi aristocrática». Cuando indagamos en las percepciones de las consumidoras en torno a las imágenes, muchas sostenían ver en estos rostros «un no sé qué» que atraía. Indagando con mayor profundidad, se nos revelaron historias o memorias de la aristocracia europea, referencias a películas como *Diario de una princesa*, regresiones de cuando eran muy pequeñas y sus papás las engreían y les decían que eran unas «reinas», etc. En suma, las imágenes detrás de esta marca proyectaban un claro retrato de refinamiento y sofisticación, pero más aún de aristocracia. Y eso es claramente lo que gestaba el vínculo tan estrecho con las consumidoras, muchas de las cuales eran ejecutivas en busca de ascenso y reconocimiento laboral, y de afirmación en su círculo social. La indagación en los contenidos subjetivos emocionales y profundos nos permitió entender el *insight* detrás de la marca.

El *consumer insight* surge de una motivación o necesidad no revelada (latente) y a menudo inconsciente

El consumidor no suele saber lo que quiere, pero sí puede, con un poco de orientación, dar cuenta de aquello que constituye su ideal o expectativa, su aspiración y tal vez su imaginación. Es claro que para ello se requieren técnicas y métodos especializados en indagación e intuición que rompan los cánones de la racionalidad y del pensamiento convencional. Entrar en la mente de los consumidores es quizás la definición más básica pero más certera para comprender este punto.

Si no somos capaces de penetrar el mundo onírico o inconsciente, y nos quedamos en la superficie o en el consciente, poco favor le habremos hecho a nuestros clientes y consciencias.

Años atrás investigaba los *insights* detrás del consumo del yogurt para un cliente muy interesado en utilizar estos *inputs* en su campaña de comunicación. Luego de preguntar y repreguntar a las amas de casa, jóvenes y adolescentes sobre las razones del consumo del yogurt nos dimos cuenta de que más allá de sus consideraciones habituales de producto nutritivo, buen sabor (producto-golosina), carácter refrescante (heladito) y amplia aceptación entre los niños-jóvenes, lo que generaba valor en el producto era su carácter de oposición a la leche, la cual genera regresiones, imaginario y evocaciones negativas en muchos adultos. De hecho, estos adultos recordaban cuando sus madres los obligaban a tomar leche, los castigaban si no lo hacían y los impulsaban a tomarla en su presencia así tuvieran que vomitar el producto luego. Estos recuerdos, casi traumáticos, generaban un especial rechazo hacia la leche, y convenientemente una creciente aceptación del sustituto natural o equivalente «no-leche» como el yogurt. Es esta condición de oposición la que explicaba el *insight* del yogurt y, con él, la relación estrecha y vinculante con un amplio sector de consumidores. Leche = infantil o pasado vs. yogurt = juventud o modernidad. Comprender esto nos permitió establecer una comunicación basada en atributos de autonomía o independencia juvenil en el caso del yogurt.

Encontrar un *insight* supone romper con los mitos de la racionalidad y plantearse como punto de partida la subjetividad

Usualmente, se cree que todas las decisiones de consumo son racionales y perfectamente explicables por la lógica. Sin embargo, existen investigaciones procedentes de la psicología y la neurociencia que han rechazado esta versión planteando un modelo de «racionalidad acotada» (*bounded rationality*). El consumidor perfecto no existe, y, por lo tanto, no lo son tampoco sus decisiones de compra y consumo. Es evidente que el consumidor busca maximizar su utilidad y minimizar sus riesgos, pero no por ello cae en el excesivo racionalismo, más bien, busca simplificar sus procesos mediante atajos mentales y reglas heurísticas («si un auto es bonito por fuera, debe ser bonito por dentro», «si tiene precio elevado, debe ser bueno»). El *insight* es producto del uso tanto de la razón como de la intuición. Se parte del examen exhaustivo de datos, estadísticas, estudios de mercado, información comercial y fuentes de información secundarias, pero se trasciende mediante la comprensión de las formas de pensar, sentir y actuar más profundas, simbólicas y emocionales. Es el resultado de una intuición sobre aquello que está latente en sus expresiones y opiniones, pero que quizás no lo dice abiertamente, no se atreve a decirlo, le da miedo decirlo o cree que no es racional decirlo. Para que surjan los *insights* primero debemos convencernos de que no existe razón verdadera o absoluta, sino solamente «verdades relativas» que es necesario explorar/revelar.

En el siguiente capítulo profundizaremos en el impacto específico del *insight* en las estrategias de *branding*, comunicación e innovación.

IMPACTO DE LOS *CONSUMER INSIGHTS* EN LA ESTRATEGIA DE *BRANDING,* COMUNICACIÓN E INNOVACIÓN

Tus consumidores más insatisfechos
son tu más grande fuente de aprendizaje.
BILL GATES

Como hemos visto a lo largo de los capítulos anteriores, los *insights* tienen por cualidad el ser accionables, y son principalmente útiles en tres territorios fundamentales: a) la estrategia de innovación empresarial, b) la creación de una estrategia de posicionamiento o marca emocionalmente relevante, y c) el direccionamiento de una comunicación destinada a conectar con las audiencias. Por ello es importante evaluar el *insight* no solo por su capacidad reveladora o descubridora (verdad humana), sino por su accionabilidad dentro de la estrategia comercial en estos tres territorios de interés.

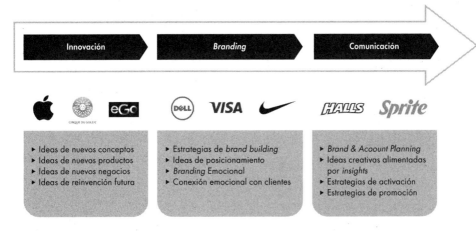

Gráfico 10. De los *insights* a ideas. No basta encontrar un buen *insight*, ¡hay que accionarlo!

Un claro ejemplo de esta accionabilidad lo podemos ver en la empresa avícola peruana San Fernando, ganadora del Gran Premio a la Eficacia Publicitaria en el 2011, que logró resultados de negocios muy alentadores, a la par que posicionó su marca emocionalmente, luego de un arduo proceso de cambio organizacional basado en *consumer insights*. Este hecho la hizo acreedora de un Effie de Oro en la categoría Imagen Corporativa (Effie Perú, 2012).

La marca San Fernando, con la que tuvimos el gusto de trabajar, es muy respetada en el mercado peruano y ha estado fuertemente relacionada con la calidad; sin embargo, no suscitaba emociones positivas ni afectos, fenómeno que cambió en el 2010. Tal vez lo más impactante en San Fernando fue pasar de un enfoque en el producto a un enfoque ligado al consumidor, en donde las emociones y vivencias son las protagonistas de «familias auténticas». Este giro le habría brindado a la marca un rostro más humano, cálido y ciertamente vinculante en el mercado local. San Fernando habría cambiado su giro de negocio de empresa avícola a empresa ligada al bienestar familiar a través de la oferta de alimentos de consumo masivo (San Fernando Perú, 2011).

El cambio empezó con un entrenamiento a sus principales ejecutivos de *marketing* y de áreas comerciales en general, en la sensibilización con el consumidor y la detección de sus *consumer insights*. La consultora Consumer Truth dirigió este programa a pedido del gerente general de aquella época. Ejecutivos del negocio avícola salieron a visitar los hogares de los consumidores, mercados de venta de abasto de pollo y, en general, tuvieron un acercamiento vivencial a la realidad de su consumidor. Luego recogieron toda esta experiencia en *insights* y propuestas de relacionamiento emocional.

Innovación basada en *insights*: creación de nuevos productos y servicios innovadores

Yo nunca realicé un invento que no lo pensara en términos del servicio que podría generar a otros. Primero descubría lo que el mundo necesitaba, y luego procedía a inventarlo.

THOMAS EDISON

Tal vez uno de los *outputs* más potentes de una estrategia basada en *consumer insights* es la posibilidad de reinventar el modelo de negocio y enfocarlo en función del consumidor. Es lo que algunos llaman *insight-driven organizations*. Algunos expertos de innovación diferencian lo que son organizaciones *make & sell* de otras que denominan *sense & respond;* estas últimas son las que verdaderamente accionan innovación basada en *insights*. Las primeras producen servicios y luego tratan de convencer a los consumidores de que compren, mientras que las segundas empiezan su proceso de innovación focalizándose en lo que los consumidores realmente necesitan y no únicamente en lo que la organización puede proveer (Schroiff, citado por Efficient Consumer Response, 2011).

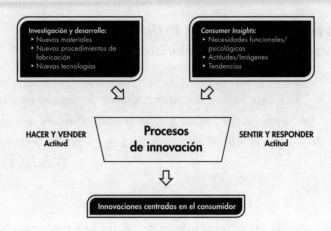

Gráfico 11. Visión de la innovación consumocéntrica
desde la perspectiva de Schroiff

Una innovación basada en *insights* se actualiza bajo la forma de nuevos conceptos, productos, ideas de negocio o estrategias, de manera que calcen con las expectativas del consumidor. En palabras de Parra (2006), los *insights* son fuentes de innovación:

> ¿Qué tipo de información cualitativa es la más relevante para poder producir innovaciones en el corto plazo? A mi modo de ver, existen tres categorías importantes de información que son verdaderamente útiles para innovar en el corto plazo: los *insights* del consumidor, las tendencias de consumo y los segmentos de mercado.

Los *insights* del consumidor revelados a través de la inmersión en contextos naturales como, por ejemplo, mirar qué ocurre en los puntos de venta, en los barrios y en los supermercados, puede dar luces para mejorar la experiencia de compra o de uso de los clientes, así como para diseñar nuevos canales de venta no tradicionales, es decir, innovar (Parra, 2006).

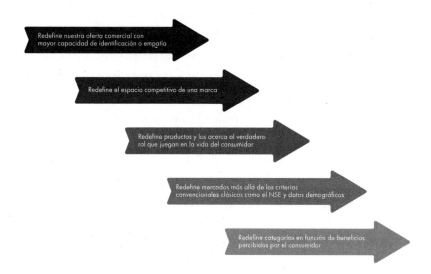

Gráfico 12. Impacto del *consumer insight* en la innovación empresarial

Un buen reflejo de un *insight* potente que ayuda a redefinir el espacio competitivo de una marca es el propuesto por Maggi: «La comida se come con el corazón». Maggi no se define como una marca de alimentos dirigidos al ama de casa, sino como un vehículo de afecto que contribuye a establecer lazos entre los miembros de la familia. En sentido estricto, la competencia de Maggi estaría en todos aquellos productos (alimenticios o no) que contribuyen a generar sentimientos de vínculo familiar. ¿Qué es finalmente Maggi para un ama de casa? ¿Una marca de alimentos culinarios, sopas y caldos? Tal vez en realidad sea una sustancia de amor: «Maggi: más sustancia, más amor» (Caracol 3000, 2010).

Los *insights* también contribuyen a redefinir mercados. Se trata de promover una idea del consumidor, comprador, influenciador o decisor más allá de los criterios convencionales clásicos como el nivel socioeconómico y los datos demográficos. Supone entender al consumidor basado en sus *insights* relevantes, pues estos a menudo pueden operar como bases de segmentación. Por ejemplo, entender que una empresa inmobiliaria cuyo público objetivo son los pobladores emergentes, no solo se dirige a clientes potenciales de viviendas, sino, principalmente, a buscadores de cambio transformacional, es decir, a personas en proceso de metamorfosis personal o social. No buscan únicamente construir una casa, sino también una nueva vida.

Los *insights* contribuyen a redefinir productos y acercarlos al verdadero rol que juegan en la vida del consumidor, desde una esfera simbólica y emocional. Evidencian una relación no obvia o necesariamente lógica-racional entre consumidores y productos; en esta medida, nos ayudan a reconfigurar el producto basados en sus significados ocultos. Un ejemplo interesante de este tipo de innovación lo vemos en Twistos, la marca de *snacks* naturales de Pepsico. En lugar de configurarse como un paquete de tostadas naturales, se posicionó como un liberador femenino de culpas o complejos en su interesante campaña «Pájaro carpintero», premiada con el Grand Effie a la efectividad publicitaria en el año 2010 (Effie Argentina, 2012). ¿El concepto? Una mujer torturada es una mujer presa de sus sentimientos e ideas, y la llave liberadora está en comer saludablemente; de ahí que Twistos no venda tostaditas, sino «liberación». El *insight* detrás de Twistos parece reconfigurar el concepto tradicional de producto: «Con Twistos encuentro la llave de mi propia libertad» (Nrodoni, 2009).

Por tanto, si logramos entender los *insights* del consumidor, podremos también redefinir nuestra oferta comercial con mayor capacidad de identificación o empatía. Más allá de redefinir categorías, mercados y productos, los *insights* pueden crear nuevas estrategias. Marcas como Ala basaron su proceso de cambio estratégico establecido por *insights* potentes del consumidor cuando decidió no apostar más por los «blancos más blancos» o la pureza como *core benefit* de su detergente, sino por la «suciedad» o, mejor aún, la libertad para explorar, descubrir y aprender, en otras palabras, libertad para ensuciarse como clave de su estrategia de *marketing*. El *insight* revelado permitió así construir una promesa diferencial mucho más potente y vinculante con el consumidor: «Ala: la suciedad se va, el aprendizaje queda. Ensuciarse hace bien» (JaviVF, 2007).

De todo lo dicho, se desprende que entender los *insights* del consumo puede llevarnos a inferir nuevas ideas para atraer, fidelizar o satisfacer a nuestros consumidores de forma más innovadora y disruptiva. En el siguiente acápite veremos cómo replantear nuestros enfoques de comunicación clásicos generando nuevas ideas promocionales para establecer el *bonding* con el consumidor basado en *insights*.

Branding basado en *insights*: construcción de marcas emocionalmente relevantes

Con una visión de *consumer insights* en mente podemos pasar de una marca capaz de convencernos racionalmente a una marca capaz de seducirnos emocionalmente y que genere un vínculo más profundo. Pasar de la vía racional a la emocional es quizás una de las estrategias más importantes para efectos de atraer, mantener y fidelizar consumidores. Ello supone trascender un *branding* enfocado en características y atributos del producto a un *branding* que transmita emociones y valores centrales del consumidor.

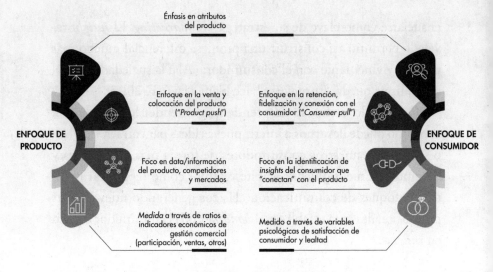

Gráfico 13. Giro del *branding* enfocado en el producto a un *branding* centrado en el consumidor

Fortini-Campbell (2001) señala que si queremos entender a los consumidores, el mejor lugar es comenzar entendiéndonos a nosotros mismos. El primer paso hacia el éxito, según esta autora, es ponernos en los zapatos del consumidor:

> Sumergirte en la vida de otras personas significa que tienes que salir con ellos, ir a los lugares donde viven, trabajan, compran y juegan… Es bastante trabajoso y no es para los pusilánimes o débiles. Un hecho que es muy simple es que no puedes aprender suficiente sobre cómo conectar con tus consumidores solo encerrándote en tu oficina leyendo los resultados de un estado de investigación de mercado. (p. 135)

Es en este punto donde aparecen las *lovemarks*. Según Roberts (2004), las marcas se han quedado sin «jugo», es decir, ya no son novedosas y ya no atraen al consumidor, ello en un contexto en que las personas esperan marcas que sobresalgan más que otras y se adueñen del consumidor. Para Roberts, las llamadas *lovemarks* son aquellas marcas insustituibles, sin las cuales el consumidor no puede vivir. Marcas como Coca-Cola han cautivado a tantas personas basadas no únicamente en su sabor, sino también en su conexión con el consumidor. La única manera de alcanzar esto es centrarnos en la conexión con el consumidor y lograr un *marketing* que evolucione del *trustmarketing* al *lovemarketing*; marcas que dejan de ser confiables para convertirse en amadas. Se trata de marcas que transmiten liderazgo, autenticidad y espíritu humano.

Diego Kerner (2004), uno de los directores de Brand Gym, consultora de estrategia de marcas, considera al *insight* como la base sobre la cual se construye la marca, al entender profundamente por qué la gente hace lo que hace para aplicarlo en el crecimiento del negocio. Se trata de una pieza de conocimiento fundamentalmente (aunque no únicamente) del consumidor que responde a la pregunta «¿por qué?». Desde su perspectiva, los *insights* representan verdades humanas, emocionales e intuitivas que abren la puerta para que las marcas mejoren la vida de los consumidores. Para Kerner, los criterios para evaluar si estamos frente a un verdadero *insight* parten por conocer si son relevantes para negocio (¿me sirve?, ¿me puede solucionar un problema?), si explica o dice por qué la gente hace lo que hace (¿me dice lo que la gente siente?), y si inspira la acción (¿genera nuevas ideas?).

Como hemos visto, las marcas pueden basar su comprensión de los *insights* y la mirada del consumidor para gestar una conexión emocional con sus consumidores. Tal vez uno de los mejores ejemplos de este logro lo tuvo el Banco Hipotecario de Argentina. Según un reporte publicado por Effie Argentina, en 2006 el banco tenía como desafío relanzar su identidad buscando consolidarse como un *player* agresivo en tarjetas de crédito, en un mercado ya muy saturado. Se buscó, por tanto, crear un mensaje diferenciador sobre la base de un vínculo emocional y posicionar al banco en el segmento de los grandes bancos privados de Argentina. Esto dio lugar a la campaña «Dueños». El banco se apropió del territorio emotivo de la «dueñez». Según los datos del portal Effie en Argentina, luego del lanzamiento, las nuevas cuentas del Banco Hipotecario crecieron un 20 % y las compras con tarjetas de débito aumentaron en un 28 %. Además, el 80 % de los encuestados modificó su imagen a partir de la campaña (Effie Argentina, 2006).

Comunicación basada en *insights*: generación de *big ideas* o estrategias creativas

> *El consumidor no es un imbécil, puede ser tu esposa.*
> DAVID OGILVY

La revelación de *insights* para la generación de ideas creativas ha sido determinante en el rol e importancia que juegan los *planners* en la actualidad, muchos de los cuales son considerados dentro de las agencias de publicidad como los responsables del *input* del consumidor y del análisis estratégico de consumidores, marcas y mercados para potenciar la efectividad publicitaria. Según Sánchez (2009), el planificador engloba «un proceso de pensamiento analítico y estratégico, pero también creativo, cuya finalidad es aumentar la calidad de la publicidad consiguiendo distinción y relevancia» (p. 210). De esta manera, el *insight* revelado devuelve al consumidor a una posición central en la campaña de la publicidad.

En este sentido, gran parte de las empresas de publicidad han desarrollado o están desarrollando sus modelos de planeación de marcas basados en *insights* o comprensión en profundidad del consumidor. Tal vez uno de los modelos más clásicos y documentados sea el de la agencia JWT y su T-Plan desarrollado en Londres con

Stephen King en 1964. Este T-Plan incluye en su modelo de marcas una orientación al consumidor, señalando cómo las marcas podían (o debían) relacionarse con ellos. Para ello, resulta necesario investigar bien y comprender profundamente a las personas. Se identificaban las respuestas del consumidor que se buscaba obtener, y el estímulo para alcanzarlas era la publicidad. Hoy este proceso se conoce como *Thompson Total Branding (TTB) planning circle*. El modelo se basa en las siguientes preguntas:

- ¿Qué estamos vendiendo?
- ¿A quién se lo vendemos?
- ¿Dónde lo vendemos?
- ¿Cuándo lo vamos a vender?
- ¿Cómo lo estamos vendiendo?

Otras agencias de publicidad tienen sus propias ideas y fórmulas para hallar *insights* o generar ideas a partir de la comprensión de la sociedad, la cultura y el consumidor. Algunas de ellas son las siguientes:

- Ogilvy y su propuesta de Big IdeaL, que intenta descubrir la posición de la marca más que su posicionamiento, y que alienta a las marcas a tener un punto de vista o perspectiva importante sobre el mundo que sea relevante para las audiencias y, por supuesto, atractivo para las marcas. Pero a diferencia del *insight* que parte del consumidor, el *big ideal* parte desde la cultura e intenta identificar tensiones culturales, las mismas que unidas a la marca (*brand best self*), permitirán encontrar estos ideales. Para Ogilvy, «los consumidores necesitan algo en qué creer», y en tal sentido, un «ideal» puede ser más relevante que una «idea» (Tittman, 2010).
- TBWA y su modelo de disrupción. Este modelo inspirado en Dru (2007), trata de descubrir ideas convencionales

que el consumidor posee para posteriormente replantearlas, mediante procesos disruptivos, en nuevas visiones de marca más *insightful*. Si bien no habla estrictamente de *insights*, la nueva visión de marca asume una comprensión más intuitiva y acuciosa del futuro, y de los nuevos escenarios en los que las marcas se desenvolverán. Un ejemplo de esto es Apple (cliente de la agencia), que pasó de ser considerada una marca de tecnología, a ser una herramienta para gente creativa e icono de estilo de vida creativo. En otras palabras, a través del concepto *think different*, Apple demostró que el éxito no tenía que ver simplemente con tecnología, sino con conveniencia y estilo de vida.

- DDB y su modelo de creatividad social asume que la creatividad puede nacer, construirse, crecer y reproducirse en un entorno social, y no solo en los escritorios. Además, cree que hay que repensar la comunicación que busca únicamente posicionar la marca, e incluir al consumidor como actor activo de esta construcción, aprovechando el valor de la emoción y no solo la razón. La creatividad social «se trata de producir ideas con las que la gente quiera participar y jugar, ideas que conecten a la gente con la gente y no solo a la gente con las marcas». (Jameson & Scarpelli, 2010, p. 4)

Por supuesto que hay muchos más modelos y ejemplos, pero no es nuestra intención aquí hacer un listado detallado de estos, sino proveer algunos ejemplos de que la mirada consumocéntrica y la construcción de *insights* basados en ella pueden estar en la comunicación y la creatividad publicitarias.

CASO PRÁCTICO TELEVISIÓN, AGREGANDO VALOR A LA OFERTA TELEVISIVA DESDE LOS *INSIGHTS*

Una de las frases que más nos inspira en Consumer Truth es la de Maya Angelou: «La gente se olvidará de lo que dijiste, pero jamás de cómo los hiciste sentir». Esto nos ha llevado a repensar muchas veces cuán esencial es recuperar el valor que merecen las personas en el mundo de los negocios, en el que muchos piensan pero pocos sienten. Y es que lo vivimos tal cual en cada viaje de exploración y descubrimiento. En particular, nos enseña a volver a mirar el rol de los medios de comunicación y cómo las personas se relacionan con ellos de manera distinta. En muchos casos, circunscribimos su rol al ámbito informativo o del entretenimiento, pero si bien son funciones importantes, también emergen roles más simbólicos. El papel que juegan en la sociedad trasciende la mera transmisión de contenidos. En algunas investigaciones que hemos realizado para radio, televisión y algunos otros medios en general, nos toca siempre sorprendernos.

El desafío de la conexión cultural

Partimos de que en la actualidad las personas estamos expuestas a muchos estímulos, por lo que los medios necesitan recuperar relevancia en la vida de la gente. Ocurre, en realidad, un efecto multipantalla, en el que tenemos muchos estímulos compitiendo por captar nuestra atención y estamos tan absortos en nuestra propia burbuja que ya no compartimos, nos vamos aislando (consciente o inconscientemente).

En este ejercicio de entender a las familias encontramos que estas cada vez son más móviles, extensas, criollas y felizmente imperfectas. Tienen diferentes estilos y gustos, pero juntas se entienden muy bien.

«Todos podemos ser una cuerda distinta de la guitarra, pero juntos somos una gran melodía».

Para muchas familias latinoamericanas, estar juntos no significa estarlo físicamente, ni tampoco desayunar juntos. Estamos ante familias móviles, pues sus vidas son así, y ocurren en espacios físicos distintos. Es allí donde los medios, en particular la televisión, cobran sentido, pues a veces unen lo que el día separa.

- Socialización: se redefine el concepto de familia. Trasciende los vínculos sanguíneos e incluye a las amistades como un nuevo vínculo que no es estrictamente nuclear.
- Expresión: las familias emergentes peruanas tienen una lógica diferente sobre las relaciones, es decir, cero protocolos, mayor soltura y apertura.
- Felizmente imperfectas: las familias reales no son ni tan unidas, ni tan amorosas, ni tan nobles, pero son adorables. «Mi familia es como un menestrón: está lleno de cosas, pero a veces te cae mal».

Muchas veces valoramos las cosas cuando las perdemos, no cuando las tenemos. De allí la importancia de entender el valor del producto en ausencia. Una de las mejores técnicas para lograr esto es realizando un experimento de deprivación, en donde a algunas familias se les suspende el uso de la TV, a otras familias, el uso de cable (podrían tener solo señal abierta), y a otras, el uso de varios televisores (solo podían utilizar un televisor en el hogar). La idea aquí era profundizar en las reacciones ante la falta de TV y, como consecuencia, descubrir los *drivers* psicológicos del uso. Esta técnica, contrastada con otras de entendimiento cultural y humano, permite tener un efecto poderoso de reentender el valor de la televisión para las familias reales.

Los *insights* revelados

Pronto descubrimos que la televisión, en ocasiones, cumple un rol psicológico, ya que alimenta la catarsis colectiva y calma la ansiedad social. En efecto, muchas de las familias a las que habíamos visitado solían juntarse frente a una pantalla de TV a pesar de sus evidentes rutinas agobiantes e individuales durante el día. La hora de ver juntos la televisión cobraba un especial significado entre las personas, pues era la antesala a la cena/descanso familiar, o el momento de contar anécdotas cómplices entre los miembros de la casa.

Y es que detrás de una pantalla de TV todas las diferencias desaparecen, es decir, todos se ven reflejados igual en ella. Profundizando aún más, podríamos aseverar que en realidad la televisión devuelve el sentido de la conexión humana fundamental en una sociedad cada vez más aislada, estresada y rutinaria, donde las familias y las personas están separadas. En efecto, «detrás de una TV encendida, hay una familia unida».

La estrategia de conexión cultural

La propuesta estratégica a partir de los *insights* llevó a replantear la mirada que se estaba teniendo no solo de la televisión en cuanto a contenidos, sino en función a su rol en los hogares. Desde la mirada de las personas, la televisión cumple el rol esencial de unir en la diferencia, y también de congregar a pesar de las desavenencias del día. La televisión permite que todas las familias se sientan unidas, aunque en el fondo (y en verdad) no lo estén tanto. ¿Es posible entonces hablar distinto? Claro que sí. Más que vender contenidos, habría que recuperar el sentido del propósito: el rol de la televisión como conector entre personas distintas, entre humanos, entre individuos que, a pesar de sus diferencias —ideológicas, de credo y de pensamientos—, aún deciden juntarse al final del día para ver algo de televisión. La televisión une lo que la vida separa.

De otro lado, el rol estratégico también recaía en la capacidad de la televisión para conectar con las historias diarias y reales, y también con las costumbres, dado su carácter democrático y su gran cobertura geográfica (y mental). Esta postura partía de la disrupción en la categoría, en la que dejábamos de ser la televisión como evasión utópica (analgésico) y pasábamos a ser una inspiración realista (aprendizaje), no solo para evadir la realidad, sino también para conectarse con ella y enfrentarla. Esto es particularmente importante en un país latinoamericano lleno de calle, lleno de historias de esfuerzo y, por supuesto, lleno de ejemplos de resiliencia. En esta ruta, la oportunidad estaba en recuperar la identidad: las historias inspiradoras de la calle, la esquina y el barrio que nos identifican como personas y nos reivindican.

Los aprendizajes

Esta investigación nos dejó grandes aprendizajes. Descubrimos que, tanto como un cambio comunicacional, era necesario un cambio de *mindset*. Muchas veces creemos que las mejores estrategias parten de entender productos (en este caso, un medio televisivo), pero en verdad parten de entender a la persona y la cultura. Trabajar bajo un enfoque menos centrado en la televisión y más enfocado en la gente nos permite reposicionar el rol de este medio frente a la señal abierta, el cable y, sobre todo, la gran competencia de esta industria que existe hoy: la falta de tiempo y atención del peruano. Recuerdo mucho que este cliente al final nos señaló que su principal aprendizaje con esta investigación había sido reforzar el carácter de «no gratis» de la televisión. Finalmente, «uno paga con su atención», nos dijo. Y prosiguió: «Y la atención no solo es cada vez más escasa, sino que cuesta». Gran aprendizaje. Es verdad, necesitamos ver, además del *rating* (estadísticas), a las personas (*insights* de cambio). Claramente, la calle enseña; la televisión, también.

Otra línea de aprendizaje tiene que ver con el uso de técnicas de experimentación que añaden un valor de indagación mayor en las emociones de las personas. Como se aplicó aquí, experimentos sociales de privación pueden fortalecer nuestra profundización en el complejo mundo de las personas, y esto es clave en el desarrollo del *insight*, porque no se trata de lo que la gente dice que hace, sino de lo que siente y —pocas, realmente muy pocas veces— dice.

¿CÓMO INSERTAR LOS *INSIGHTS* EN LA ESTRATEGIA? LA INVESTIGACIÓN Y EL PLANEAMIENTO DE MARCAS

Ningún insight *—por más potente que sea—
puede hacer nada sin una buena ejecución
publicitaria y una traducción creativa brillante.*

CRISTINA QUIÑONES

En capítulos anteriores indagamos en las miradas de expertos, *insighters*, *planners* y especialistas en innovación que trabajan el tema de *insights* en el mundo empresarial, del *marketing* o la publicidad. A partir de ello, nos detuvimos a examinar casos que nos permitieran presentar una idea más clara de lo que estos conceptos significan y cómo se puede poner en práctica su investigación.

Por ello, consideramos conveniente mostrar en este capítulo aproximaciones que nos permitan entender cómo nos acercamos al consumidor y de qué manera desnudamos su mente y sentimientos más ocultos, a fin de poder develar *insights* e insertarlos en un modelo de planeamiento de marcas.

En ese sentido, en el presente capítulo plantearemos, en términos generales, un modelo de investigación y planeamiento de marcas basado en *insights* que creemos que puede ayudar a entender cómo estos *insights* son accionados en estrategias y acciones de *marketing*.

Del dato/observación al *insight*: la investigación y el descubrimiento

> *Los anunciantes se aferran a las investigaciones como los borrachos a los faroles; no para iluminarse, sino para no caerse.*
> DAVID OGILVY

La investigación creativa es una adaptación de la investigación que nos permite utilizar métodos más lúdicos para poder comprenderlo. Se trata de una investigación creativa y disruptiva del consumidor, basada en el principio que, parafraseando a Einstein, diría: «No podemos pretender obtener cosas diferentes si seguimos utilizando los mismos métodos». Como bien decía George Patton: «Si todo el mundo piensa lo mismo, es que alguien no está pensando». Por lo tanto, es necesario reinventar el método.

En nuestra opinión, no podemos sentir a la gente si la seguimos mirando detrás de un espejo, y esto supone reinventar el método. La investigación tradicional evoluciona para acomodarse a las necesidades de un planeamiento y una comunicación que demandan *insights* inspiradores y conceptos o manifiestos potenciales de marca, más que solo datos e informaciones descriptivas de los consumidores. Este tipo de investigación orientada a revelar y accionar *insights* está dirigida a decodificar las verdaderas razones del consumo, aquellas razones que no son evidentes, racionales, conscientes, lógicas o funcionales; en suma, se trata de revelar el significado del consumo. Para ello te recomiendo seguir los siguientes principios:

- «Desnudar la propia mente primero, antes que la del consumidor». En nuestra experiencia es importante empezar entrenando en el *mindset insighter* a los propios ejecutivos de una organización para que puedan aprender a conectar, sentir, observar e intuir a sus propios consumidores; en otras palabras, para que se sensibilicen con ellos. Estos programas de sensibilización incluyen sesiones de *brainstorming* organizacional para decantar observaciones en *insights*, y luego *insights* en ideas, después de haber salido a las calles para buscar sentir a las personas en sus entornos naturales. Se trata de *workshops* en *consumer insights*, los cuales son cada vez más demandados por las empresas como programas de *insightful planning* y *branding.*

- «Desafiar el pensamiento/método convencional». Se trata de una investigación disruptiva, más creativa y constructiva, que apunta no solo a reinventar sus formas de acceder a la información, sino que se atreve a reinventar el propio método. La investigación tradicional encuentra aquí nuevas bases para la evolución. Desde ambientar locales para fomentar la estimulación sensorial-creativa del participante, hasta la generación de talleres o *workshops* activos que incluyan a los propios ejecutivos empresariales o consumidores en las activaciones de pensamiento lateral y creativo. No se trata de reflejar un ambiente neutral o aséptico, muy por el contrario, se trata de estimular los sentidos y fomentar la sinergia de ideas. Mezclar participantes o incluir a aquellos que usualmente no serían invitados a la discusión, son puntos esenciales. Como bien decía Bill Gates: «A veces tus consumidores más insatisfechos son tu principal fuente de aprendizaje».

- «Revelar lo que el consumidor no dice o quiere ocultar». Se trata de una investigación más intuitiva para sentir, y no solo para pensar al consumidor. Ahonda en las emociones y sentimientos más profundos, o también en aquellos pensamientos no confesados, declarados o manifiestos del consumidor. ¡Se trata de revelar aquello que no dice, no lo que dice! Se trata de confrontar al consumidor con sus miedos no declarados o sus respuestas políticamente incorrectas, y de proponer un ambiente de libertad y confianza para liberar «el lado oculto y no evidente» del consumo. Se observa cómo actúa el consumidor, más que escucharlo hablar.

- El entendimiento y la búsqueda de significado es la base de toda investigación. El *insighter* centra sus esfuerzos en comprender, y no solo en describir. El uso continuo del «por qué» —y de las técnicas de encadenamiento de beneficios como el *laddering*— representa un intento por hurgar en los motivos ocultos o no manifiestos.

- Definir la manera como los consumidores se miran a sí mismos, además de mirar los productos y el consumo tal como los consumidores los ven, es decir, desde su perspectiva y no desde la nuestra. Esto permite encontrar el significado simbólico del consumo y de las posesiones personales que a menudo aparecen bajo la forma de necesidades y motivaciones latentes.

- Trascender la barrera de la racionalidad y de la lógica. La indagación de *insights* supone profundizar en el terreno abstracto, ambiguo y pedregoso de las emociones, sentimientos, intuiciones, deseos y fantasías del consumidor. Es aquí donde los *insights* encuentran fundamento y permiten al investigador arribar a la real comprensión del consumo. Por ejemplo, ¿por qué creen que un ama de casa usa tintes para el cabello?, ¿por cuestión de estética únicamente?, ¿para verse más sexi?, ¿por una necesidad implícita de atraer miradas?, ¿por una necesidad de ocultar sus lados menos glamorosos?

- Investigación de corte más pragmático y ciertamente ecléctico. Puede hacer uso de diferentes teorías, metodologías e instrumentos para arribar al *insight*. No teme burlar un poco el método científico si de generar ideas productivas se trata. La metodología de construcción de *insights* tiene tanto de ciencia como de arte, y esto supone mezclar tanto la razón como la intuición.

- Investigación creativa y propositiva que no solo recoge, observa y analiza comportamientos, sino que construye *insights* e ideas accionables a partir del conocimiento. Es decir, inspira estrategias, *big ideas*, manifiestos de marca y conceptos. Su visión del consumidor es más activa que pasiva.

Busca incluirlo en los procesos de construcción de estrategias (cocreacion) y enfatiza el pensamiento lateral-abstracto-metafórico como fuente de inspiración activa, menos racionalizada, lógica o descriptiva.

La metodología de revelación de *insights*: pensar-sentir-actuar

En Consumer Truth, el modelo de construcción de *insights* sigue tres procesos básicos que sugerimos y recomendamos:

- Decodificar significados: técnicas facilitadoras
- Ahondar en las emociones humanas: técnicas proyectivas
- Observar y analizar comportamientos: técnicas etnográficas

La combinación de estos tres elementos, sumada a nuestra comprensión cultural y visión de futuro, contribuye a revelar *insights* potentes del consumidor. Para ello es importante empezar con una exploración de datos y observaciones, pero transformándolos en *insights* a través de procesos de disrupción de significado. La metodología *insighter*, ecléctica de por sí, supone preguntarse lo siguiente:

- Qué sucede: punto de inicio (números, observaciones y estadísticas relevantes).
- Por qué sucede: inferencias a través de estos datos y observaciones.
- *Insight* revelado: verdad desnuda del consumidor obtenida a través de estos datos y observaciones.
- Qué implicancia tiene para nuestro negocio: accionabilidad del *insight* y su traducción en ideas de posicionamiento, creativas y de innovación.

Todo el proceso supone grandes dosis de intuición y disrupción. Supone pasar de lo observable a lo no observable, de lo racional a lo emocional, y de lo objetivo a lo subjetivo.

A continuación, enseñaremos cómo indagar en las tres áreas de comportamiento del consumidor (decir, sentir y actuar) mediante técnicas facilitadoras, proyectivas y etnográficas.

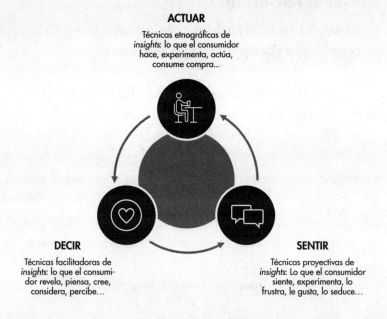

ACTUAR
Técnicas etnográficas de *insights*: lo que el consumidor hace, experimenta, actúa, consume compra...

DECIR
Técnicas facilitadoras de *insights*: lo que el consumidor revela, piensa, cree, considera, percibe...

SENTIR
Técnicas proyectivas de *insights*: Lo que el consumidor siente, experimenta, lo frustra, le gusta, lo seduce...

Gráfico 14. Técnicas que permiten explorar el comportamiento del consumidor

1. **Técnicas facilitadoras: el decir del consumidor (lo que el producto/marca significa para el sujeto desde una perspectiva emocional, profunda y simbólica).** Estas técnicas fomentan el pensamiento creativo y exploran a profundidad las cogniciones relativas a los productos (ideas, conceptos, creencias, beneficios y argumentos adscritos a los productos

que compramos/elegimos). A través de juegos de palabras, asociación de ideas, *brainstorming*, *collage* de imágenes y otras tareas creativas, el consumidor es ayudado en su proceso de enunciar el porqué de su consumo y la relación estrecha que tiene (o no tiene) con los productos. Estas técnicas son especialmente apropiadas para decodificar *insights* simbólicos de categoría y marca.

2. **Técnicas proyectivas: el sentir del consumidor (lo que siente, experimenta o emociona al consumidor y lo vincula emocional/simbólicamente con el producto/marca).** Profundizan en el lado emocional o humano del consumo, ahondando en los sentimientos y emociones profundas que lo despiertan y suscitan. Mediante técnicas basadas en la psicología clínica relacionada con los conflictos emocionales, como el Test de Apercepción Temática, el Test de Szondi, el *psyco drawing*, las frases/historias incompletas, entre otros, se logra obtener profundas expresiones emocionales que subyacen el consumo, y que a menudo son constreñidas por el uso de la razón y el imperio de la lógica. Estas técnicas son especialmente apropiadas para decodificar *insights* emocionales.

3. **Técnicas etnográficas: el actuar del consumidor (lo que hace, realiza, actúa, compra, consume o cómo se comporta el consumidor tanto en hogares/calle, entornos naturales y cultura).** Nos permiten observar y ahondar en el contexto y el entorno del consumidor, logrando sumergirnos en su contexto natural y hábitat para observar *in situ* el comportamiento cotidiano, las dinámicas y rituales del consumo, ya que por lo general el consumidor suele decir una cosa y hacer otra, de ahí que sea necesario acudir a la observación y no solo a la declaración. Como técnicas etnográficas generadoras de *insights* podemos mencionar las inmersiones en la vida y el hábitat del consumidor, acompañamiento

durante la compra o consumo, *one day in the life*, observación participante, *in home visit, shopper trips*, etnografía visual, safaris urbanos, entre otras. Estas técnicas son especialmente apropiadas para decodificar *insights* culturales.

A nuestro entender, este juego de técnicas proyectivas, facilitadoras y etnográficas permiten desnudar la mente del consumidor, y ayudan a comprender el consumo en un sentido holístico-integral, ya que no se trata de aislar al consumidor de su contexto sociocultural, sino de incluirlo en este. El consumidor es un ente social (no aislado) y, por tanto, su consumo también lo es. Por ello, es imposible entender las razones y significados profundos del consumo sin tener en cuenta el marco de referencia sociocultural.

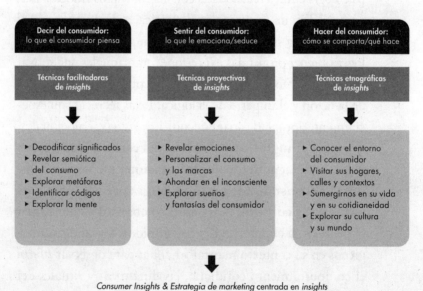

Consumer Insights & Estrategia de marketing centrada en *insights*

Gráfico 15. Técnicas de revelación de *consumer insights*

Técnicas y herramientas de revelación de *insights*: el ¡Ajá!

Las técnicas que permiten hacer conexiones y utilizan test de asociaciones son las ideales. Así, debemos ir más allá de lo que las personas dicen o declaran, para llegar a lo que hacen o sienten, por ejemplo, que puedan crear sus propias metáforas para describir sus sentimientos y sensaciones por un producto; o que hagan conexiones con otras sensaciones, por ejemplo, beber Coca-Cola es como ir a Disney, «porque todo es color y felicidad». En general, se trata de fomentar el pensamiento creativo y lateral, gestando nuevas ideas que desafíen las convencionales, como observaciones agudas que permitan un punto de vista original pero desafiante de las marcas.

En efecto, estas técnicas sirven como herramientas para ver más allá de lo evidente, para observar lo que otros no pueden, y para explorar las percepciones, motivaciones, actitudes y expectativas de los consumidores y los clientes. Es decir, las técnicas deben llevar al *insighter* a la revelación de aquello que está ahí, pero nadie ve. Las técnicas deben abrirle los ojos, proporcionarle los datos necesarios para llegar a esa intuición.

De igual forma, las técnicas de *insights* involucran a los clientes en el proceso de generación de *insights*, en lugar de simplemente obtener su punto de vista inicial. El ejecutivo de *marketing* o comunicación es un actor vivo y un *insighter* encargado de observar, prospectar y decodificar tanto como el equipo de *insighters* entrenado. De allí la importancia de los *workshops* y talleres con clientes para forjar el *mindset insighter* y la sensibilización con su propio consumidor.

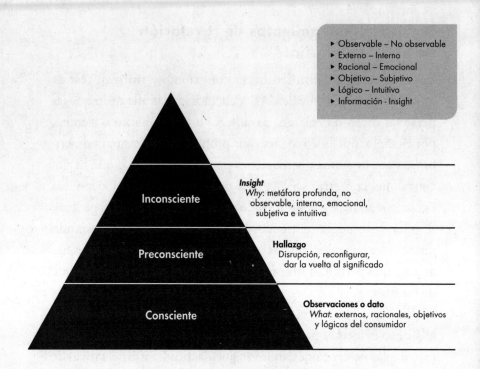

Gráfico 16. *INSIGHTS*: De la razón a la intuición.
De la realidad o la metáfora"

A continuación, hemos seleccionado técnicas y metodologías para hallar *consumer insights* basados en nuestra experiencia como *insighters* y que aplicamos en Consumer Truth:

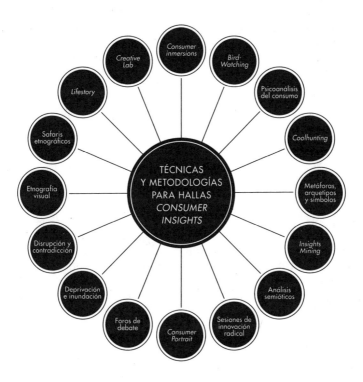

Gráfico 17. Técnicas habituales para generar CI basados en la psicología del consumo

Como hemos visto, existe una amplia variedad de técnicas que podemos emplear para llegar a conocer ese lado profundo que acompaña la experiencia única de consumo en las personas. El uso de cada una de ellas dependerá de los objetivos que nos tracemos a la hora de proponernos cazar *insights*.

Del *insight* a la idea: el planeamiento comunicacional y de marca

Una marca que captura tu mente modifica tu comportamiento.
Una marca que captura tu corazón obtiene tu compromiso.
Scott Talgo

No se trata de lo que tu marca está haciendo por el consumidor,
sino de lo que tus consumidores están haciendo con tu marca.
Mark Earls

¿Es posible hablar de *insight* sin hablar de accionabilidad? Es más, ¿se puede hablar de *insight* sin contemplar la posibilidad de accionarlo en una estrategia de *marketing*, *branding* o innovación? Creemos que un *insight* poderoso puede ayudar a redefinir categorías, mercados y productos. Por ello, consideramos que la investigación para construir *insights* es necesaria, pero a su vez es solo la primera parte del proceso de planeamiento; de ahí la importancia de continuar dicho proceso hasta insertar el *insight* en una estrategia de *branding*, un proceso de innovación o un plan comunicacional determinado. En otras palabras, accionarlo; pasar de los *insights* a las ideas.

La accionabilidad del *insight*, criterio clave para su definición y consideración como tal, se refleja en su capacidad de redefinir o reinventar nuestra concepción tradicional del consumo, en cuestionar los paradigmas clásicos de la industria y en renovar nuestros planteamientos de *marketing* y publicidad.

Son muchos los modelos de planeamiento estratégico existentes, y algunos proceden de agencias de publicidad, consultoras especializadas o también de empresas multinacionales en consumo masivo. Estos modelos son interesantes, por ejemplo, los modelos propietarios de las principales agencias de publicidad y comunicación, como el *big ideaL* de Ogilvy, creatividad social de DDB, TPlan de JWT, HumanKind de Leo Burnett, Disruption de TBWA, *lovemarks* de Saatchi & Saatchi, entre otras. En nuestra experiencia trabajando con algunos de estos modelos hemos podido constatar el enorme esfuerzo de los planificadores estratégicos, quienes contribuyen con darle una característica más analítica y sustentada a la idea comunicacional. El *insight* o verdad revelada del consumidor suele ser, aquí, un insumo estratégico; y su develamiento, una labor de investigación, prospección, revisión de tendencias y mucho olfato/experiencia del planificador. Suele enfocar la comunicación y darle forma, acotando los ángulos donde la creatividad puede/debe moverse.

También hemos aprendido de los modelos de generación de *insights*, *brand building* y *marketing* integrado de las compañías de consumo multinacionales, las cuales cuentan con procesos y herramientas muy estandarizados y útiles, por cierto. Entre estos podemos mencionar los modelos de *brand positioning statment* (BPS), *strategic value consumer* (SVC) de Kraft Foods, el Brand Building Nestle Way (BBNW) de Nestlé, y el modelo de *brand key* para posicionamiento de marcas usado por Unilever, que hoy se ha convertido en un modelo muy útil para insertar el *insight* en la estrategia de marca. El haber trabajado como *consumer insights manager* en una de estas compañías fue sin duda fundamental en nuestra comprensión del alcance de estas herramientas y su interacción con *el consumer insight*. Estas compañías, además, han invertido mucho en la capacitación de su personal y en el uso de estas herramientas; además, trasmiten una cultura consumocéntrica en la que el *insight* suele ser una piedra angular y, a menudo, se convierte en la base para la gestación del planeamiento de marca.

Otra fuente de inspiración son los modelos de planificación estratégica de las escuelas de negocios. Como exestudiante de un MBA, pude aprender el valor de Boston Consulting Group, matriz FCB, análisis FODA, *balance scorecard* y otras herramientas que permiten ver el negocio como un todo y desde una perspectiva más holística. El *insight* aquí constituye una pieza más del «tablero de mando» empresarial, y es concebido más como una visión de empresa que como una herramienta *per se*.

El *insight* del consumidor o *consumer insight* es parte de las herramientas de *insightful innovation* y responsable de empresas *sense and respond*, en lugar de empresas *make and sell*. Es también un insumo base para la gestación de organizaciones consumocéntricas que basan su gestión en el entendimiento de las necesidades de los mercados y su evolución.

Finalmente, los modelos de innovación como los de IDEO, y de inspiración de líderes fuera del mundo de las comunicaciones como el *golden circle* de Simon Sinek («*People dont buy what you do, but why you do it, start with why*»), también nos han inspirado.

En este camino, hemos aprendido, pero también cuestionado y replanteado. El resultado de todo este proceso ha dado pie a algunos aprendizajes y modelos de *insights* y *planning*, entre ellos, la pirámide de *insight*, que es la metodología de planeamiento principal para Consumer Truth.

Pirámide de *insights*: de los datos al *consumer insight*

En Consumer Truth, la pirámide de *insights* nos ha permitido transformar datos en informaciones, informaciones en hallazgos y, finalmente, hallazgos en *consumer insights*. Los *insights* detectados luego son usados como insumos de ideas de innovación, posicionamiento o comunicación; es decir, pasamos de los *insights* a las ideas. Basándonos en las teorías de Mohanbir Sawhney sobre *customer insights* y de la Universidad de Stanford sobre *design thinking*, creamos un modelo que permite combinar los siguientes insumos estratégicos:

- WHAT: observaciones o datos externos, racionales, objetivos, lógicos del comportamiento del consumidor relevantes y significativos para la marca.
- HOW: la explicación de los datos vistos de forma simbólica, emocional o intuitiva, y que suponen un replanteamiento de la observación/dato en términos más significativos.
- WHY: los hallazgos que se obtienen a partir de las observaciones y los datos constituyen una disrupción de significado.
- AHA: *insights* o verdades humanas. A menudo son verdades internas, emocionales, subjetivas o simbólicas que contienen oportunidades estratégicas para las marcas.
- WOW: la idea creativa, de innovación o de *branding* estratégica resultante. Es el aterrizaje del *insight* en términos accionables.

Por supuesto, luego el *consumer insight* debe combinarse con una visión estratégica del rol de la marca en la vida del consumidor (*brand insight*) y del rol de la categoría/negocio en el que competimos simbólicamente (*category insight*). Es finalmente esta triada la que permite encontrar un espacio/territorio de interés o punto de vista.

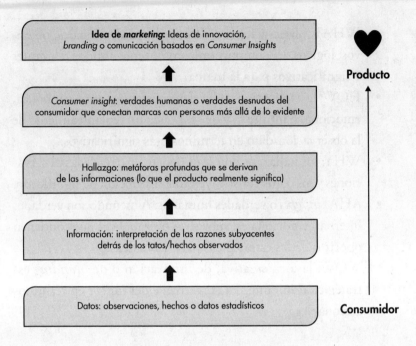

Gráfico 18. Pirámide de *insights*

Hay otros modelos de planeamiento estratégico que hemos venido desarrollando y empleando en Consumer Truth para conectar marcas con personas, pero serán explicados posteriormente en otro libro. Aquí solo los mencionaremos de manera breve:

- *Brand audit*: ¿dónde estamos hoy?
- *Insightful planning*: ¿qué proponemos para la marca?
- *Brand truth*: ¿cuál es la verdad de la marca que proponemos?

Gráfico 19. Planeamiento estratégico de la marca basado en *insights*

Insighters y *planners*: gatilladores del *insight* en la comunicación

En particular, consideramos que los *planners* o estrategas de la comunicación representan figuras muy necesarias para contagiar con «ideas frescas» el planeamiento creativo y los procesos de *branding*, así como para alimentar una cultura *people-oriented* en las estrategias de publicidad.

Los *planners* tienen entre sus principales labores el definir el camino estratégico de revaloración de la marca mirándola desde nuevos ángulos o descubriendo *insights* reveladores sobre el consumidor que conectan marcas. Algunas veces toman la forma de *cool hunters, trend spotters, brand futurists, brand strategists* o visionarios.

Provienen de campos de especialidad muy distintos y ocupan roles diferentes, ya sea dentro de las agencias de publicidad (como *planners*), en las consultoras de *marketing* (impulsando nuevas visiones) o desde el lado del cliente en posiciones de estrategia e *insights* (*insight managers, consumer knowledge and strategy*, etc.). El *background* académico puede estar en las comunicaciones, las ciencias sociales, las artes, o también en campos inimaginables y originalmente desligados de la innovación y la creatividad. En general, proponen una mirada diferente, algunas veces disruptiva o innovadora de las marcas y los consumidores.

Asociaciones como la Account Planning Group, con sedes en Londres, España, México, Argentina y Perú, tienen entre sus miembros a prestigiosos comunicadores y estrategas que han contribuido grandemente a la comunicación. Su perfilada observación de la realidad, su agudeza para encontrar el provecho humano y su sensibilidad les permiten a estos *planners* direccionar una comunicación más estratégica y humana. En nuestra opinión, su principal contribución radica en:

- Dejar claro el problema de la marca desde una perspectiva que va más allá de lo evidente (*insightful*), que contemple la marca en interacción con las personas, categorías, cultura e industria. ¿Qué está pasando?
- Detallar la oportunidad a partir del análisis realizado. Qué territorio, camino, ruta o dirección podría tomar la marca para que solucione o dé un giro al problema desde una óptica estratégica (no táctica); desde una perspectiva de futuro, no solo de hoy; desde una mirada de consumidor, y no solo de productor. ¿Qué podríamos hacer?
- Identificar la fuente de oportunidad, es decir, los segmentos de interés, y armar el *consumer portrait* o retrato del consumidor. Se trata de ir más allá de lo demográfico y apuntar a darle un rostro vívido y real (no estereotipado) al o a los segmentos de interés. A menudo supone entrar en el terreno de la psicología o antropología del consumo. ¿A quién debemos comunicar?
- Determinar el *insight* o verdad del consumidor que detona o gatilla una posible respuesta (moviliza la acción) y deja sembrada la oportunidad (estrategia de *marketing*). La verdad cruda y real que cambia nuestra forma de ver las cosas

y supone una disrupción de sentido. ¿Qué detona/acciona/dispara este comportamiento?

- Revelar el territorio o industria donde realmente se mueva la marca, más allá de lo evidente. En otras palabras, los «competidores» o «sustitutos» conceptuales, no los reales; aquellos que compiten por las necesidades del consumidor. ¿En qué negocio estoy verdaderamente?

- Determinar los beneficios, personalidad, arquetipo o promesa que puede plantear la marca como respuesta al problema y que accione el *insight* detectado. Debe contribuir a fortalecer el crecimiento de la marca y solucionar una necesidad existente. ¿Quién debo ser o qué debo hacer para la gente?

- Determinar el sentido de existencia de la marca, es decir, por qué y para qué está en la Tierra. Supone entender la verdad de la marca (*brand insight*) y su propósito/misión en este mundo. ¿Para qué estoy y qué causa/valor defiendo?

Gráfico 20. Modelo de *key strategic insight* usado en *Consumer Truth*

Finalizaremos este acápite con una reflexión: «Dios nos ha dado dos orejas y una boca para que escuchemos más y hablemos menos». ¿No es fundamental, entonces, empezar escuchando a nuestro propio consumidor? En los siguientes párrafos desarrollaremos y ampliaremos los tipos de *insights* que nos permiten construir marcas y estrategias a través del hacer, el sentir y el actuar del consumidor.

PARTE III

TIPOS DE *INSIGHTS* Y SU APLICACIÓN EN LA ESTRATEGIA DE MARCA

LOS *INSIGHTS* EMOCIONALES: LAS EMOCIONES PROFUNDAS Y LOS SENTIMIENTOS OCULTOS/ INCONSCIENTES

El verdadero éxito de las empresas está en el corazón y la mente de los consumidores; no en el número de respuestas o datos recopilados, sino más bien en conocer su interior, en conocer sus emociones.

MOHANBIR SAWNHEY

Como hemos venido sosteniendo, los *insights* del consumidor representan formas ocultas, inconscientes o inconfesables sobre la forma de pensar, sentir o actuar del consumidor, que sugieren oportunidades para una conexión simbólica y profunda entre los consumidores y los productos de su elección.

Detrás de cualquier acto de consumo (decisión) existen mecanismos inconscientes y emocionales que disparan la conducta de elección, a pesar de que los consumidores, en muchos casos, no son estrictamente conscientes de ellos. Algunas investigaciones reportan que el pensamiento consciente representa únicamente el 5 % de todo el proceso cognitivo, mientras que el otro 95 %, que es una influencia más importante en la toma de decisiones del consumidor, ocurre fuera de la conciencia, trasladándose a las emociones; por tanto, ninguna empresa podrá afirmar que comprende a los consumidores sin colonizar esta tierra de oportunidad (Zaltman, 2003).

Los *insights* emocionales conectan al consumidor con los productos, logrando que pasen de ser un mero objeto transaccional (que se ofrece y compra) a un objeto de afecto, es decir, a ser una extensión de nuestro yo. Un producto querido o una *lovemark* es más que un producto físico con beneficios tangibles (un agua que refresca y cuida al cuerpo); es, ante todo, un producto simbólico que refleja la personalidad o estilo de vida del consumidor y, por tanto, es capaz de mimetizarse con él, hablar por él y sentirse como él.

Acorde con esta perspectiva, Zaltman (1997) señala que pocas empresas discuten la importancia de las emociones en la toma de decisiones de gestión y de los consumidores, sobrevalorando, en su mayoría, los métodos de recopilar y presentar información en relación con la lógica y los procesos conscientes de la persona. Zaltman considera que la razón y la emoción no son independientes una de la otra y, por tanto, deben ser tratadas y tomadas en cuenta en el mismo nivel. De ahí que el trabajo en conjunto con ambas sea esencial. Separar la razón de la emoción es inducir a un error, debido a que estas no deben considerarse como opuestas o antagónicas, sino como una fuente integral del entendimiento de la persona.

Este realce de las emociones del consumidor le otorga a la investigación proyectiva una reaparición modesta, tanto en lo académico como en los espacios de investigación del consumidor, en medio de una investigación eclipsada en el número de estudios experimentales. Asimismo, en la actualidad se ha empezado a valorar, en los estudios del comportamiento de los consumidores, las secciones que explican e ilustran los usos de las técnicas proyectivas en diversas situaciones (Mariampolski, 2001).

En este contexto, ¿podemos decir acaso cuáles son las razones que nos impulsan a consumir agua? Algunos dirán lo saludable y natural de su composición, otros apostarán por lo refrescante que es y no pocos por el bajo precio (competitivo respecto a las gaseosas); probablemente, todas estas razones sean efectivamente válidas, mas no suficientes. En algunas investigaciones realizadas en Consumer Truth, hemos notado que el consumo de agua es producto también de una necesidad simbólica de purificación o limpieza, algo así como una renovación de espíritu. Detrás del consumo aparentemente inocuo y pragmático del agua se ocultan necesidades de reinvención o redención. Al menos es así para algunos consumidores y momentos específicos de consumo. Estos *insights* subsisten en la mente de nuestros consumidores y operan como mediadores o influenciadores de nuestras decisiones.

A continuación, explicaremos cómo las técnicas proyectivas permiten ahondar en los componentes afectivos del consumo y de qué manera permiten construir *insights* basados en la emoción (*insights* emocionales).

Los *insights* emocionales y estrategia de marca

> *La mejor crema de belleza*
> *es una consciencia limpia.*
> ARLETTY

Para nosotros, el verdadero «secreto» del consumo o preferencia de las marcas está dentro del consumidor, no afuera; en su inconsciente, mas no en su bolsillo. Por tanto, si queremos obtener *insights* emocionales, debemos forzarnos a revelar emociones y no solo razones. Debemos sentir o intuir, y no solo pensar. «En un mundo de tanta razón, dejemos de pensar y empecemos a sentir». El *insight* en tanto verdad revelada, representa un descubrimiento sorprendente que da pie a una idea estratégica o creativa, o a la construcción de marca. Veamos algunos ejemplos.

- «Un gimnasio puede ser más fuerte que mis excusas; en verdad, no entreno los músculos, sino mi fuerza de voluntad». Con este potente *insight* una antigua cadena de gimnasio llamada Gold's Gym sintonizaba con el consumidor, hablándole directamente a sus emociones y pensamientos más profundos, logrando un nuevo ángulo en la comunicación tradicional de gimnasios, muy centrada en el cuerpo y no tanto en la mente. En la práctica, Gold's Gym nos proponía que entrenemos nuestra fuerza de voluntad, orden o disciplina, más que nuestros músculos, y esto es una forma muy potente de conectar con el potencial usuario (un estudio basado en Gold's Gym Perú, 2012).

- «El inglés reduce o abrevia emociones; es más fácil decir *"I'm sorry"* que decir "lo siento". Ante emociones complicadas, respuestas simples». Este *insight* fue empleado por el instituto de idiomas Icpna para comunicar su promesa frente al público adolescente, quien veía en el inglés no solo una herramienta para el futuro, sino un instrumento para la expresión en el presente. El inglés visto por un adolescente de 14 a 16 años representaría una forma de exteriorizar emociones que pudieran ser más difíciles de comunicar en el propio idioma debido a su estadio de desarrollo emocional. Por tanto, la oportunidad para un instituto de idiomas no estaba tanto en «vender inglés» para el mañana, sino lo que el inglés hace por la vida del adolescente en el hoy. «En inglés la vida *IS EASY*» (Instituto Cultural Peruano Norteamericano, 2012).

- «En mis sueños quisiera ser bella, pero realistamente sé que no puedo ser perfecta y que me será imposible alcanzarlo. No se trata de intentar ser algo que no puedo ser nunca, sino tratar de ser lo mejor que puedo ser. La verdadera belleza es invisible a los ojos». Luego de un intenso proceso de investigación y de escuchar/observar a mujeres en varios países del mundo, Dove pudo revelar este contundente *insight*. Las mujeres reportaban dificultades para asumirse bellas debido a los patrones de belleza dominantes en los medios de comunicación, lo cual mermaba su autoestima y sentimiento de autoconfianza. Por eso lanzó una campaña que amplió el sentido de belleza, mostrando que la belleza real no es lo que uno refleja hacia afuera, sino lo que uno siente por dentro. Este *insight* dio origen a la campaña Por la Belleza Real, que le permitió a Dove plantear el siguiente manifiesto de marca: «Las mujeres reales tienen curvas. Creemos que la verdadera belleza viene en diferentes formas, tamaños y edades», con el cual alcanzó una sólida posición de liderazgo mundial en cosmética y una singular aceptación del segmento «mujeres reales», evitando los estereotipos tradicionales o dominantes en la industria de la belleza y, más bien, proponiendo ampliarlos.

Como hemos visto en los ejemplos anteriores, los motivos de los consumidores latentes o no manifiestos son las mejores fuentes de *insights*, es decir, no lo que dice el consumidor, sino más bien lo que no dice, lo que no se atreve a confesar, aquello que le da vergüenza o simplemente no sabe. Esto supone un esfuerzo por trascender la declaración superficial del consumidor para poder obtener confesiones más sinceras. El *insight* no se trata de una declaración, sino de una confesión, que luego de ser inferida e interpretada, contribuye a entender la verdadera naturaleza del consumo.

Revelando los *insights* emocionales: las técnicas proyectivas

> *Los* insights *se obtienen de los consumidores y no de los productos. En lugar de focalizarte en tu producto, deberías pensar en las necesidades de tu consumidor. Pensar desde una perspectiva consumocéntrica.*
> JOHANNES HARTMANN

Revelar *insights* emocionales supone poner al consumidor en el espejo de la verdad. Sacar a la luz sus pensamientos inconscientes, es decir, aquello que no se atreve a confesar. Una de las mejores formas para obtener estas verdades se obtiene de la psicología, y se llaman técnicas proyectivas. A través de las técnicas proyectivas alentamos a los consumidores a expresar sus pensamientos y sentimientos más privados, instándolos a hablar de otras personas en lugar de sí mismos: «Un amigo me contó que...».

Las respuestas lógicas o racionales son las primeras que aparecen; están en la punta de la lengua, pero en verdad no nos ponemos a analizar por qué hacemos lo que hacemos, ya que a veces ni siquiera lo sabemos. Por eso necesitamos alentar a los consumidores a ir más allá de lo evidente, a proyectar lo que en verdad sienten, y a proporcionarles estímulos «inocuos y ambiguos» que fomenten la naturalidad de la expresión. Una de las técnicas proyectivas más clásicas y que todos alguna vez hemos experimentado es el Test de Manchas de Rorscharch. La ambigüedad de las manchas y su carácter «inocuo» nos permite «confesar» nuestros temores o ideas más profundas (Bar Din, 2001): «Veo dos amigas peleándose...; debe ser porque una le atrasó el novio a la otra».

En términos estrictamente técnicos, la palabra «proyección» significa, según su raíz latina, 'lanzar adelante', que es la acción implicada en estas técnicas. El sujeto manifiesta en ellas su personalidad, de tal modo que las técnicas proyectivas actúan como agentes catalizadores para provocar la reacción (Bell, 1971). Se trata de técnicas cualitativas, no estructuradas e indirectas de obtención de información del consumidor con el objetivo de que estos proyecten sus motivaciones, creencias, actitudes o sentimientos ocultos, profundos y a menudo inconscientes (Boddy, 2005).

Las técnicas proyectivas se basan en el concepto psicoanalítico según el cual las personas (consumidores) tendemos a proyectar nuestros contenidos inconscientes y personalidades propias en otras personas o situaciones cuando se nos revelan en forma de preguntas, estímulos y formatos no estructurados (ambiguos). Estos contenidos se proyectan, pues son, posiblemente, no aceptables, vergonzosos o inconfesables para el propio individuo (Lyndzey, citado por Fernández, 1980).

El término «técnicas proyectivas» proviene de la palabra «proyección», que posee una amplia variedad de significados:

Autores	Conceptos
Freud (1896)	«Percepciones interiores al exterior; es un mecanismo primitivo. Este mecanismo influye asimismo sobre nuestras percepciones sensoriales, de tal modo que normalmente desempeña el principal papel en la configuración de nuestro mundo exterior».
Bowers, Bronner & Healy (1930)	«Proceso de defensa bajo el dominio del principio del placer, por el cual el yo empuja afuera sobre el mundo exterior, deseos o ideas inconscientes que resultarían penosas para el yo si se les permitiera penetrar en la conciencia».
Warren (citado en Bell, 1951)	«Tendencia a adscribir al mundo exterior procesos psíquicos reprimidos a los que no se reconoce como de origen personal».
Bell (1951)	«Prefiere emplear el significado más común de "proyección", según su raíz latina, para el empleo del vocablo, es decir, 'lanzar adelante', que es la acción implicada en las técnicas. El sujeto manifiesta en ella su personalidad "lanzándola afuera" y de este modo puede ser examinado. Es decir, exteriorizar la conducta que es típica del individuo».
Jung (1954)	«La proyección consiste en una atribución de arquetipos alojados en la propia psique a personas o a objetos fuera del yo».
Lyndzey (citado en Fernández, 1980)	«Instrumentos que han sido creados como especialmente sensibles para revelar aspectos inconscientes de la conducta, permiten provocar una amplia variedad de respuestas subjetivas, son altamente multidimensionales y evocan respuestas y datos inusualmente ricos con un mínimo de conocimientos por parte del sujeto que es objeto del test».

Klein (1984)	«Identificación proyectiva es un mecanismo inconsciente de defensa que hace que partes del sí mismo se escindan y desprendan para ser proyectadas sobre otra persona, introduciéndolas en el objeto con el fin de tomar posesión de él y causarle daño; es decir, es el prototipo de la relación de objeto agresiva».

Tabla 4: Algunas definiciones del término «proyección»

Para tener una mejor comprensión de estas técnicas imaginemos el caso de los consumidores de comida rápida. La técnica proyectiva permite identificar algunos elementos fundamentales del consumo en estos restaurantes: rapidez-pragmatismo, glotonería, superficialidad y estilo de vida americano (activo, moderno y despreocupado). ¿Cómo? Indagando indirectamente no por las razones manifiestas de gusto por esta comida, sino por las razones indirectas o motivos latentes: «Si la comida rápida fuera un sentimiento, ese sentimiento sería...». O tal vez: «Imagínate una historia entre una joven, un restaurante de comida rápida y una cajita feliz...; cuéntame la historia y dime cómo termina». Con la aplicación de estas técnicas, más nuestra intuición/ interpretación aguda, podemos revelar ángulos escondidos.

La principal vía de acceso a esta fuente de emociones son las técnicas proyectivas. La hipótesis subyacente reside en que el modo en que el individuo perciba e interprete el material o estructure la situación reflejará aspectos fundamentales de su funcionamiento psicológico. En otras palabras, se espera que estos disparadores sean como una especie de pantalla sobre la que el sujeto proyecta sus procesos de pensamiento, necesidades, ansiedades y conflictos. En general, las técnicas proyectivas ayudan a obtener *insights* en tanto:

- Estimulan un pensamiento de tipo más creativo y metafórico: las personas deben ponerse en situaciones extrañas que los llevan a una irrealidad que se traduce en paralelo a la propia realidad.

- Permiten acceder a actitudes y emociones subyacentes o profundas: las personas no hablan directamente de sí mismas, entonces pueden lidiar con los sentimientos negativos que podría traerles la situación de consumo.

- Revelan motivaciones no conscientes o no abiertamente admisibles en su conducta de compra: las personas no son conscientes de sus propias actitudes o creencias respecto a los objetos, por lo tanto, estas técnicas profundizan en los individuos, planteando un diálogo con el inconsciente.

- Ayudan a los consumidores a vencer las resistencias de la deseabilidad, la vergüenza y el desconocimiento: las personas hablan de sí mismas, pero indirectamente, planteando la situación a un tercero.

- Develan el significado simbólico de productos y marcas a raíz de que se plantean metáforas en las cuales aparecen los verdaderos contenidos emocionales y motivacionales de las personas.

En general, los autores han señalado la existencia de diversos tipos de técnicas proyectivas, y están de acuerdo en que existen cinco grandes categorías basadas en la actividad, que involucran a parte del entrevistado y el tipo de respuesta que se puede obtener de su aplicación (Martínez *et al.*, 2006). Estas categorías, que representan lo que se ha denominado las «técnicas proyectivas tradicionales» (usadas frecuentemente) son las técnicas de asociación, conclusión, construcción, expresión y de orden o elección.

A continuación, resumimos los tipos de técnicas proyectivas en el siguiente gráfico:

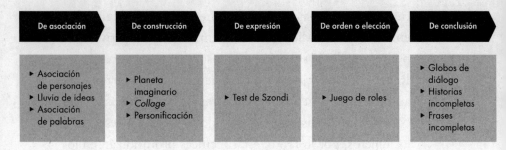

Gráfico 21. Técnicas proyectivas más utilizadas

CASO PRÁCTICO ALIMENTOS UNIÓN: ¿CÓMO REENTENDER LOS VALORES DE CAMBIO EN UNA INDUSTRIA SALUDABLE?

Este es uno de los casos más interesantes y placenteros que nos ha tocado vivir. La magia estuvo en el equipo que acompañó durante todas las jornadas de investigación y discusión estratégica. Es, además, uno de nuestros clientes más queridos, por su nivel de involucramiento, pero también de pasión legítima por lo que hacen, producen y entregan día a día al consumidor. Los podías ver (y sentir) en cada taller, jornada, experiencia y contacto con el consumidor, anotando, aprendiendo y retándose. La humildad de querer aprender o desafiarse es la base de una conexión legítima y profunda con las personas. Por supuesto que, en términos de estrategia, hace que la tarea sea también más gratificante.

El desafío de conexión cultural

En 2020, Unión, una marca de panificación peruana que opera desde 1929, decidió hacer una revisión de su estrategia de marca que venía desarrollando hasta ese entonces. La finalidad era reentender lo saludable más allá de lo funcional e individual. ¿La idea? Poder conectar con los reales valores de cambio social y afianzar la propuesta de valor de marca (alimentos saludables).

Partimos de cuestionarnos los paradigmas e ideas convencionales alrededor de lo saludable, intentando plantear una nueva visión de la marca, que iba desde los valores y la filosofía que se encuentran más allá del producto. Y es que estamos frente a un nuevo entorno de consumo, con un nuevo *mindset*, en donde al cambiar el consumidor, cambian sus exigencias a la industria y se empieza a valorar otros aspectos.

La investigación realizada

¿Qué hicimos? Recogimos historias de personas tanto saludables como de aquellas que no se sentían como tal; ahondamos en sus mentes y profundizamos en sus ideales, tensiones y aspiraciones. Pisamos la calle en diferentes zonas geográficas y también visitamos hogares para entender la salud desde entornos reales/naturales. Adicionalmente, realizamos *workshops* de desnudez mental con el equipo estratégico de la marca y sumamos a los colaboradores y fuerza de ventas para explorar juntos posibles rutas de conexión. Los *insights* revelados permitieron alimentar la idea estratégica.

La investigación nos ayudó a entender de manera profunda las características del consumidor saludable de hoy. Entendimos que hay entre ellos una defensa de lo natural y lo propio: buscan el respeto por la naturaleza y los individuos, pero sobre todo por la identidad de los peruanos (flora, fauna y cultura). También observamos que había una profunda búsqueda de integridad en medio de una sociedad convulsionada y hasta «tóxica». En cierta forma, buscan productos integrales, pero, sobre todo, productos con valores integrales.

Para muchos de ellos la disciplina y la constancia son parte importante de la salud. Consideran que lo saludable no solo está en la rutina de ejercicio o en la alimentación estricta, sino también en la creación de hábitos que se esconden detrás.

Ahora bien, no encasillan el concepto de lo saludable solo en lo físico, sino también consideran la salud desde el punto de vista mental, social, emocional y cultural. Tienen una mirada inclusiva y holística. Saludable es tener tolerancia y respeto por lo diferente: para ellos es importante respetar las ideas del otro. Frente a un entorno caótico, buscan construir puentes de tolerancia que permitan el diálogo.

Finalmente, notamos en ellos un espíritu de compartir y contagiar lo bueno. Lo saludable se comparte, no se restringe. Para ellos, lo saludable puede y debe constituirse en un estilo de vida o filosofía de bienestar, o en un *mindset* colectivo.

El *insight* revelado

«En una sociedad dividida por tanta indiferencia, necesitamos alimentar la UNIÓN de todos los peruanos».

La sociedad vive en constante tensión cultural ante la indiferencia. Nos hemos preocupado más por el bienestar personal que por el colectivo. Hoy se necesitaría recuperar la empatía y unirnos contra la indiferencia. Probablemente, hemos ganado visibilidad, pero perdimos unidad. Pensamos en «nosotros mismos», y nos cuesta encontrar espacios de diálogo que nos hagan menos indiferentes ante los «diferentes sociales».

Aquí teníamos un hallazgo claro, y es que es más fácil unirse entre conocidos, que con el que piensa diferente. En un mundo donde se ha perdido el diálogo y la empatía, se necesita derrumbar muros y construir puentes. Por tanto, en una sociedad dividida por tanta indiferencia, donde no nos escuchamos ni sabemos escuchar a los otros, necesitamos alimentar la UNIÓN y la empatía para transformar los ambientes tóxicos en entornos saludables.

La estrategia de conexión cultural aplicada

«Unión, alimentando una sociedad más saludable».

Los *insights* revelados permitieron diseñar la idea estratégica, reenfocando el propósito de marca de alimentar a una sociedad saludable a través de productos saludables, pero con énfasis en estos valores de cambio. En suma, promover una alimentación sana, pero sobre todo una práctica de valores, actitudes y relaciones positivas en la sociedad.

De esta manera, pasamos del convencionalismo que nos llevaba a creer que «las personas son saludables en tanto tienen un estilo de vida enfocado en la alimentación sana y el ejercicio físico», a tener una visión donde ser saludable estaría asociado a un estado individual del cuerpo, pero también a un *mindset* de valores compartido en sociedad. Unión existe para alimentar a una sociedad saludable, esto es, más que hábitos saludables, lo importante es fomentar las relaciones saludables que se alimentan desde los productos, pero también desde los valores.

- Alimentación saludable con productos integrales y libres de octógonos (libres de antivalores)
- Diversidad de productos saludables más allá de la panificación
- Insumos de semillas y granos *superfoods* de origen peruano
- Parte de una red saludable (iglesia, universidad, salud y alimentación)
- Imagen más real: menos maquillada y más natural

Teníamos que hacer que la marca Unión sea tan rica como el pan. Para ello era necesario crear una estrategia de marca potente y lograr una comunicación tan fuerte como la historia de la marca.

El resultado obtenido

Esta consultoría reforzó el trabajo que ya venía trabajando la marca Unión y su equipo, contribuyendo a conectar más al sentir social de las personas con una filosofía de bienestar (no solo productos alimenticios o de panificación). De por sí, actualmente, la marca «saludable por naturaleza» tiene presencia tanto en bodegas como en todos los supermercados de cadena nacional, presentando más de setenta productos repartidos entre seis categorías (bebidas, cereales, panificación, suplementos, frutos secos y untables).

Los aprendizajes

El principal aprendizaje que nos llevamos de este caso estuvo en la capacidad del *insight* de descubrir una verdad cultural; algo que estaba allí, pero de lo que no nos habíamos dado cuenta. El origen natural, ligado a semillas y *superfoods*, lo convierte en un producto que respeta más la diversidad y las raíces; traducido al lenguaje del consumidor: no es solo saludable, sino gestor de comunidad (procura bienestar desde la esencia misma). Una marca que en su mismo nombre tiene un propósito: generar unidad. Unión a pesar de las diferencias, unión que hace la fuerza.

Los *insights* emplean el lenguaje metafórico, analogías y asociaciones mentales. De hecho, un buen *insight* se puede simbolizar. En el caso de Unión, nos dimos cuenta de que la salud no es unidimensional, y eso nos obligó a ver aristas que no siempre observamos, en donde el efecto colectivo estaba pasando desapercibido. Como nos decían las personas de los talleres creativos: «Con mil problemas en la mente, pero una sonrisa para la gente».

Las buenas marcas, como las buenas personas, se sienten, no solo se piensan. De allí la importancia de que todo el ecosistema empresarial esté planteado, desde las personas mismas, en defender el propósito y ser coherente con él. Las buenas intenciones no bastan, las malas prácticas tampoco. Lo saludable está en decir lo que se es, y también en mostrar lo que se dice. Gracias, productos Unión, por permitirnos aprender junto a ustedes. Aquí un especial reconocimiento a su gerente general Martín Saldaña, a su gerente de Marketing José Tarrillo y a todo el equipo de líderes y trabajadores de esta gran empresa.

CASO PRÁCTICO DE LAS FRAGANCIAS Y LA FEMINIDAD: ¿CÓMO REENTENDER LA SENSUALIDAD?

Existen desafíos que dejan huella debido a los aprendizajes que nos hacen obtener, y también por la linda experiencia de contacto con personas reales en entornos reales. Este es uno de esos casos, ya que nos permitió reentender el cuidado personal femenino.

En la prepandemia tuvimos la oportunidad de que una marca de cuidado personal femenino nos retara a desarrollar un nuevo concepto de fragancia basado en *insights* de sensualidad femenina en Colombia. De hecho, también tuvimos retos similares de comprender la feminidad en otros países de la región, lo que nos permitió entender algo más sobre la mujer y sus plataformas de identidad/expresión en la actualidad.

Desafío de la industria

Muchas veces los *insights* son usados por las empresas para alimentar nuevas propuestas de *marketing*, innovación o comunicación, como ya hemos señalado en este libro. En estos casos, la exploración de la feminidad actual debería llevarnos a reencontrar un territorio de oportunidad y, por supuesto, a innovar con una nueva marca de perfumes para la mujer de hoy. Buscamos siempre desafiar los parámetros establecidos como los de una sensualidad parametrizada o entendida bajo códigos culturales de exacerbación de sentidos. ¿Habría otros tipos de sensualidad que se adaptaran a los nuevos tiempos?

Investigación: ¿cómo afrontar el desafío?

Decidimos aprender de las preferencias e historias de mujeres detrás del perfume/cuidado de las personas. Visitamos los hogares de las mujeres en algunas ciudades, (re)descubrimos el rol de las fragancias/esencias en su día a día o cotidianeidad, y exploramos sus ideas, creencias, sueños y dolores a través de sesiones grupales donde la consigna era sentir y no solo pensar. Para descubrir *insights* hay que sumergirnos no en lo que dicen, sino en lo que sienten. Se trata de viajar a la mente humana.

En todas estas exploraciones pudimos notar que la sensualidad puede llegar a ser más física que sensorial. Una sensualidad poderosa que no se mide por el poder de las curvas, sino por el poder de la decisión: «Sensualidad: ser una mujer con poder, belleza, apasionada, elegante, íntegra; una mujer que tiene poder, pasión y que cuida de ella». Las voces femeninas recogidas hablaban de una feminidad fuerte y decidida: «Nuestras mordidas son invisibles pero mortales. No necesito estar en un lugar físicamente, solo con recordar el olor estoy presente».

Ahora bien, la independencia tiene mucha importancia en el relato, y muchas mujeres sienten que las fragancias las arropan de amor propio y no solo de aromas o esencias: «Soy reina porque me muestro como soy, soy dueña de mi vida, de mi habitación, y no la comparto. Soy dueña de mí misma porque puedo tomar mis propias decisiones», «Siempre pa' lante, nunca pa' tras».

En cierta forma, redescubrir la propia esencia es la base de un amor (y aroma) propio: «Una mujer colombiana huele a *glamour*, a flor, a rosas, a jardín, hasta a sudor, pero nunca a vulgaridad». El amor propio surgía como reflejo del autoperfume: «Las mujeres tenemos que oler muy bien porque así demostramos cómo una se ama».

También emergió un importante elemento de originalidad. Se trata de una sensualidad que brota de la propia mujer y se potencia con la fragancia: «No es lo que te pones por fuera, es lo que brota por dentro». El perfume es como la huella dactilar, un símbolo distintivo de identidad. «El perfume habla por ti, más que mil palabras». Esta originalidad estaba unida a la recursividad, como receta latinoamericana del desarrollo e impulsor de la autoestima: «La que puede, puede; y si no, que se opere». Esta frase sin duda nos marcó. La sensualidad para muchas mujeres era como «un libro» porque genera curiosidad y provoca acercarse. «La belleza es inteligencia, no apariencia». Por lo demás, un perfume inteligente «deja siempre algo a la imaginación y no se deja notar así nomás».

Finalmente, un grupo de mujeres puso por delante el valor de la ostentación. Para algunas mujeres entrevistadas se trataría de una sensualidad explícita (no implícita), cuyo atractivo estaría en la capacidad de impactar los sentidos y despertar la admiración: «Primero muerta que sencilla; prefiero llegar tarde que fea», «La sensualidad es como un televisor, porque uno quiere obtener lo que ve allí».

Insight: ¿qué descubrimos en el viaje de exploración?

La profunda investigación de la psicología femenina nos permitió arribar a ciertos descubrimientos. Entendimos, por ejemplo, que la industria se enfrentaba a una visión muy estricta o restrictiva de la sensualidad que podía ser disonante de las ansias de libertad o, incluso, de la propia originalidad. La elegancia había perdido la «curiosidad».

Nos enfrentábamos a una sensualidad «encorsetada» y restrictiva para una mujer que hoy vive sin ataduras. La elegancia habría restringido el disfrute y la posibilidad de descubrir las propias formas de ser elegante más allá del vestir. Necesitábamos explorar una sensualidad curiosa que las llevara a arriesgarse y a tener libertad de explorar.

Si pudiéramos interpretar lo que una mujer siente, pero no dice, tal vez llegaríamos a la siguiente expresión: «La sensualidad, más que un destino, es un viaje, una exploración. No viene con un manual de recetas, sino que invita a construir las propias».

Emerge, por tanto, un territorio interesante de sensualidad curiosa (líquida) que rompe barreras y propone un viaje de experiencia. Una sensualidad que lleva a una mujer a arriesgarse y a tener libertad para explorar. Es claro que el aroma es la firma personal, y cada mujer tiene la suya. La sensualidad no solo tiene que «liberarse», sino también disfrutarse en el camino. Sumar al *feel* el *enjoy*.

Idea de innovación: ¿cómo capitalizamos el *insight*?

Se decidió lanzar un nuevo perfume basado en la curiosidad de la mujer de hoy. Una mujer curiosa deja su esencia en cada paso que da, y redescubre su esencia explorando diferentes escenarios, cruzando las fronteras de lo establecido. Es una exploradora nata de lugares, esencias, momentos y personas. Una mujer que acumula kilómetros de aventuras e historias por contar. Una suerte de Jane Walker o caminante. El rol estratégico estaba en «destapar» la sensualidad encorsetada. Más que fragancias embotelladas, se buscaba «desembotellar» la sensualidad.

Resultados: ¿qué aprendimos?

El lanzamiento de productos basados en *insights* nos permite acercarnos de manera más emocionalmente relevante, pero también culturalmente determinada. Más allá del éxito comercial, lo que mueve a los *insighters* es poder contribuir al mundo con ideas que puedan transformarnos y retarnos.

Lo que aprendimos con este proceso —creemos— fue una ganancia muy importante. Nos quedamos con el sabor de una mujer en búsqueda o construcción permanente que requiere marcas/empresas suficientemente abiertas a entender su cambio y, en consecuencia, a evolucionar. Salir de los escritorios y sentir.

En efecto, a veces nos quedamos mucho en el escritorio, reflexionando sobre cómo la mujer ha cambiado, cuando lo que debemos hacer más es «sentir» estos cambios en la propia realidad, penetrando en el universo femenino desde sus bases. Al igual que cualquier descubrimiento importante, el proceso de *insights* es un viaje de exploración, y no solo un destino. Lo que se aprende durante el recorrido puede ser tan importante como el resultado. Recuerdo mucho que, en una conversación con un líder de *marketing* de la compañía, este nos dijo: «Sentí que no se estaba trabajando con consumidoras, sino con personas. Y pude ver cómo nuestras consumidoras sacaban a la niña que llevaban dentro. No sentí que estuviera trabajando». Esa es la mayor contribución (y felicidad) de ser *insighter*.

LOS *INSIGHTS* SIMBÓLICOS: EL PENSAMIENTO ABSTRACTO, METAFÓRICO Y LAS ANALOGÍAS MENTALES

Los productos van más allá de formas, colores, olores y sabores. Las personas compran las imágenes de sí mismos que adquieren a través de la compra. Adquieren símbolos o imágenes idealizadas de sí mismos, imágenes que no podrían tener sin la posesión de estos objetos.

Cristina Quiñones

En el capítulo anterior presentamos aproximaciones que nos permitieron entender cómo nos acercamos al consumidor y de qué manera desnudamos su sentir, pensar y actuar para detectar sus *insights* más potentes. En el presente capítulo desarrollaremos las fuentes de inspiración para construir *insights* y la aplicación de las técnicas facilitadoras como una de las vías para acceder a significados ocultos detrás de productos y marcas, así como el rol que cumplen en la vida de los consumidores. A estos los hemos llamado *insights* simbólicos.

Como sabemos, los *insights* nacen de la intuición y la capacidad de revelar la verdadera esencia de las cosas. El significado es la clave del entendimiento y, como tal, se requiere mirar con otros ojos y otros lentes para «ver más allá de lo evidente» al consumidor y al consumo. En particular, esto se aplica al entendimiento del significado profundo, simbólico y emocional detrás de productos y marcas.

Desde la misma definición de *insight*, sabemos que una de sus vías más potentes de obtención es la reconfiguración de sentido. Como sostienen Palma y Cosmelli (2007), el *insight* surge de la capacidad de imaginar o descubrir nuevas formas de entender una solución a un problema cotidiano:

No es raro encontrarnos en lo cotidiano frente a un problema complejo, y ya sea tras mucho ponderarlo o bien justo después de dejar de preocuparnos de él, descubrir casi espontáneamente la solución. ¡Esta experiencia, que suele acompañarse de un «¡ajá!» o sensación de desbloqueo interno, se conoce también por su término en inglés «*insight*», y traduce de forma general la vivencia o capacidad de comprender o darse cuenta de la estructura íntima de un problema o conflicto. (p. 15)

La palabra *insight*, en este contexto, significaría la adquisición de un conocimiento nuevo, de una visión interna («hacia adentro») más profunda respecto de algo que antes era inaccesible y que es vivenciado como novedoso o sorprendente. Algunos lo califican como experiencia excepcional, vivencia de entendimiento única y sobresaliente en la que las dos piezas del rompecabezas comienzan a tomar su lugar, y como un momento en el que un problema hasta ahora no resuelto encuentra finalmente salida (Palma & Cosmelli, 2007).

En el caso particular del entendimiento del comportamiento de consumo y la preferencia de marcas, el *insight* surgiría luego de un proceso de resignificación, siendo el producto/marca un símbolo, y el usuario, el adjudicador de este significado. Como sabemos, al ser muchos los consumidores y tan compleja su naturaleza, son múltiples las posibilidades de entender su relación con el objeto de consumo, y, por tanto, muchas las alternativas de *insights*.

De acuerdo con la teoría de comportamiento del consumidor, sabemos que las personas compramos productos no por lo que hacen, sino por lo que significan, y en ese sentido el producto es un signo o portador de significado. Por ejemplo, uno no compra únicamente Nike, sino un estilo de vida deportivo, aguerrido y siempre osado (*Just do it*). En tal sentido, el significado del consumo, así como el concepto o rol del producto en la vida del consumidor son la clave del entendimiento, y necesitamos saber cómo son los consumidores y qué buscan en la vida. Esto supone definir la forma como los consumidores se miran a sí mismos, mirar los productos y el consumo tal como ellos los ven y, de igual manera, identificar las vías más adecuadas para ofrecer nuestros productos a estos consumidores.

La naturaleza simbólica del consumo ha sido recogida en la literatura psicológica, y más específicamente en la psicología del consumidor por autores como Patricio Polizzi, investigador chileno que plantea que «el consumo es en esencia un acto eminentemente simbólico, en tanto en el acto de consumo se demandan y ofertan imágenes de productos y servicios, más que cosas» (Polizzi, 2009, p. 3). Esto implica reconocer la naturaleza simbólica del ser humano, pues el hombre no interactúa directamente con el mundo natural o social, o con la realidad misma, sino con una representación mental de esta, por lo que esta representación simbólica es la única realidad concreta que existe en el hombre. En tanto que el consumo parece ser un elemento simbólico, nos queda claro que debemos, por tanto, penetrar en los símbolos, significados, percepciones y creencias del consumidor como vía para recuperar *insights*.

El pensamiento lateral, metafórico y no lineal es una base importante de la construcción del *insight*, pues nos ofrece la posibilidad de extraer valor a la información y a los datos existentes. Ya lo decían Burnett *et al.* (2005) al señalar que la sobrecarga de información es una realidad en el *marketing* y la publicidad, y complica el planeamiento de marcas; por lo tanto, obtener información es menos problemático que encontrarle sentido. El desafío no es la información, sino la inteligencia; de ahí que la magia de la investigación radique en la interpretación de la información para descubrir *insights* inesperados o que no se llevaron a cabo acerca de los consumidores, los productos y la situación del mercado. El *insight* se construye entonces extrayendo valor de la gran cantidad de datos de mercado, del consumidor y de las marcas que disponemos, dándole un nuevo sentido a lo que ya sabíamos.

En ese sentido, Dru (2007) afirma que el *insight* surge de la disrupción o de la capacidad de encontrar significados alternativos, no convencionales, existentes y subyacentes a los productos. Esto nos permite resignificarlos y entender su real potencial.

A este tipo de verdades desnudas, centradas en significados ocultos, detrás de los productos y marcas, las hemos denominado «*insights* simbólicos», y los describiremos de manera más amplia a continuación.

Los *insights* simbólicos y la estrategia de marca

> *Preguntarle a un consumidor por qué le gusta o no determinado producto es como preguntarle a un paciente por qué cree que tiene determinada patología.*
> ERNEST DICHTER

Los significados son fuentes de *insights* y los *insights* suenan como una metáfora profunda, una analogía o símil que nos permite entender la verdadera naturaleza de las cosas. Algunos *insights* que revelan el significado simbólico de los productos serían los siguientes:

- «*The life is a long weekend*» (RFK Outdoor). Se trata de mirar la ropa deportiva no como un artículo de vestimenta para satisfacer necesidades básicas de calor corporal, sino como símbolo de un estilo de vida todoterreno y de una personalidad aguerrida.
- «La mejor crema de belleza es una consciencia limpia». En este caso, se trata de una frase que encierra la potencia de entendimiento de lo que puede ser una mirada alternativa, disruptiva y simbólica de la belleza femenina; menos ligada a la estética y más relacionada con el bienestar psicológico o interior. Un sentido de plenitud que se refleja externamente (y es bello de admirar), más que un exterior meramente superficial.

- «Una curita es una medalla de honor». Este *insight* comentado por Umaña (2008) nos muestra la posibilidad de entender un producto de salud desde un ángulo distinto, en este caso, el significado de recompensa o de logro expresado por un niño. Para los más pequeños, una curita podría significar el resultado de una batalla, una aventura donde él representa el rol de héroe, y otro, el de vencido.

Los *insights* se construyen en función a metáforas y analogías, ya que se trata de tender puentes entre conceptos aparentemente «bizarros» o inconexos. Zaltman & Zaltman (2008) han encontrado siete metáforas universales que pueden ser la base de *customers insights*, en tanto constituyen puertas al inconsciente. Estas metáforas son las siguientes:

1. **Balance:** equilibro y ajuste frente a las vicisitudes del mundo externo. Por ejemplo, algunas aguas embotelladas nos prometen «equilibro» por dentro y por fuera, y sus promesas están ligadas a un estado de bienestar interno muy cercano al zen. En estos casos, claramente no estamos tomando agua, sino balance interior.

2. **Transformación:** cambiar de estatus o de estado emocional/anímico/físico, como el típico caso de la oruga convertida en mariposa. Por ejemplo, detrás de la frase «Ser madre despeina», usada por Sedal en una de sus campañas, o «Deja que la vida te despeine», existe un potente *insight* simbólico ligado a la convicción de que los años, la edad, o las obligaciones y presiones sociales van restringiendo la libertad de la mujer, transformando su libre albedrío en obligatoriedad y superyó. La promesa liberadora, en este sentido, es una marca que te dice: «Déjate ser».

3. **Viaje:** la vida es un viaje de largo aliento, un viaje de experiencias. Los productos nos ayudan en este viaje metafórico y hasta onírico. Por ejemplo, el banco de capitales peruanos Interbank y su promesa que dice: «El tiempo pasa una sola vez» se inscribe en esta metáfora, persuadiéndonos para que los usuarios disfrutemos más las experiencias compartidas que los segundos ganados producto de su eficiencia administrativa.

4. **Contención:** protegernos, arroparnos y darnos seguridad. Los productos dan seguridad y protección psicológica, no solo física. Por ejemplo, la campaña «Quiérete» de la marca de maquillaje Cyzone-Belcorp se inscribe en esta metáfora, forjando la autoprotección o la autoestima adolescente.

5. **Conexión:** sentimiento de pertenencia, vínculo y aceptación; los productos nos permiten ser aceptados o diferenciarnos de ciertos grupos sociales de interés. Por ejemplo, la marca de zapatillas Converse «Une a los incomprendidos», y más que un accesorio de vestir, se vuelve un ícono de identidad juvenil disruptiva, una individualidad distintiva.

6. **Recursos:** los productos como instrumentos para alcanzar metas o llegar a ideales. Por ejemplo, la Asociación de AFP peruana nos dice en una campaña que «hay que guardar pan para mayo», con lo cual pone de manifiesto el valor del servicio pensionario como un recurso de sobrevivencia, pero también de inteligencia.

7. **Control:** los productos nos brindan una —a veces falsa— sensación de control que puede empoderarnos. Por ejemplo, el banco BBVA nos decía «*I've got the power*» en una campaña destinada a graficar el poder de una tarjeta de débito en las manos de un usuario entrenado.

Desde el terreno de la psicología y el psicoanálisis, específicamente, se desprende la importancia de conocer los arquetipos universales, aquellas ideas y patrones de conducta que están presentes en toda la humanidad, más allá del sexo, cultura, edad o religión, ya que pertenecen a la psique humana. Jung (2002) desarrolló la teoría de los arquetipos, o conocida como de los «arquetipos jungianos». El autor postula que, independientemente de la cultura y el contexto, los individuos somos propensos a tener el mismo tipo de debilidades, miedos y aspiraciones.

Apoyándose en la filosofía, la mitología y las religiones, desplegó una comprensión de estos arquetipos, considerados universales, como el nacimiento/parto, la infancia/vejez, la persona/imagen pública, el *self*, la sombra/amoralidad, la muerte, el concepto de dios, el padre, la madre, el héroe, etc., así como otras imágenes presentes en sueños y fantasías con un fuerte significado emocional y simbolismo cultural. Hoy en día estos arquetipos los encontramos también en el cine, la literatura, el arte, el tarot y, por supuesto, la publicidad.

En el caso de las marcas, al ser construcciones colectivas basadas en las asociaciones y percepciones sociales y culturales, podrían también estar teñidas de arquetipos o ser capaces de enarbolarlos. Así lo piensan algunos investigadores y expertos del campo del *marketing* como The Royal Society of Account Planning (2009), quienes han identificado doce arquetipos válidos de aplicación al estudio de las marcas: *branding archetypes*:

- **Inocente**: representa la bondad y pureza. El inocente quiere ser feliz en el paraíso. Su peor miedo es hacer las cosas mal y ser «castigado» por eso. Por ejemplo, marcas como Coca-Cola, Scott y Gloria se basan en el concepto de la alegría y la felicidad puras.
- **El tipo corriente (el tipo de barrio)**: representa la sencillez y la inclusión. Parte de la base de que todos somos iguales y,

por tanto, valora el sentido común y la empatía. Por ejemplo, marcas como IKEA se basan en el concepto de sencillez, de hacer las cosas sin aspavientos. En el caso peruano, una marca como San Fernando expresaría el arquetipo inclusivo y sanador de lo corriente: «Familias auténticas, perfectas a pesar de sus imperfecciones».

- **Explorador:** representa el atrevimiento e independencia. Su objetivo se basa en la libertad de encontrarse a uno mismo a través de la exploración del mundo, la individualidad y la propia autenticidad. Marcas ligadas a la aventura como Jeep, Levi's y otras de 4x4 encarnan este arquetipo. En el caso peruano, una marca ligada a la aventura como Dunkelvolk es una clara muestra del poder guerrero.

- **Sabio:** representa la intelectualidad y la búsqueda de la verdad. Es un libre pensador que concede gran importancia al conocimiento y la información. Por ejemplo, consultoras como McKinsey, o marcas como IBM, CNN, Intel o el decano de la prensa nacional, *El Comercio*, han construido su personalidad basadas en la sabiduría o intelectualidad.

- **Héroe:** representa poder, esfuerzo, honor y victoria. Su objetivo es probar su valor a través de actos heroicos, intentar dominar. Es un ganador. Por ejemplo, marcas como Nike con «*Just do it*» o Adidas con «*Imposible is nothing*» se basan en este arquetipo ligando sus promesas a valores de valentía, osadía y lucha.

- **Rebelde:** representa la libertad al margen de la ley. Considera que las reglas se han hecho para romperse, y muestra un comportamiento «salvaje» que transgrede cualquier tipo de convencionalismo. Marcas disruptivas como Harley-Davidson, cuya imagen se ha sostenido en la capacidad para quebrar lo esperado en el sistema o en sociedades dominantes (manejar moto en lugar de autos) encajan aquí.

- **Mago:** representa el poder transformador en el mundo a través de la imaginación, la fantasía y la vivacidad. El mago hace que las cosas se vuelvan realidad. Marcas como Axe, que prometen «mágicamente» la transformación de sapo en príncipe, parece encajar aquí. De igual manera, la marca Ésika: «Qué mujer quieres ser hoy», se enmarca en el poder transformador e ilusión de la magia.

- **El amante:** representa romance, idealismo y amor. Inspira deseo y hace a las personas que lo rodean sentirse deseadas. Marcas románticas, glamorosas y seductoras como Alfa Romeo o Peroni, y marcas ligadas al mundo de la belleza o estética como L'Oreal/Unique estarían encarnando los arquetipos del amante. En el mercado local, Holden, marca fuertemente ligada a la seducción, podría ser considerada arquetípicamente como «la amante».

- **El bufón o payaso:** representa la irreverencia o diversión. Para el bufón solo se vive una vez, y por tanto, la vida es un disfrute eterno, absoluto, espontáneo. Marcas construidas sobre el valor de la diversión como Fanta y Play Station («Vive en estado Play») estarían representando este arquetipo. En menor medida, lo hacen marcas como McDonald's, basadas en el concepto de juego y cuyo vocero es precisamente un payaso.

- **El cuidador:** representa el carácter caritativo, altruista. Su objetivo es proteger y cuidar a los demás; en tal sentido, brinda apoyo y tiene una clara vocación y figura paternal. Marcas enfocadas en la seguridad como Volvo, y en la protección como la compañía de seguros Pacífico («Vive Pacífico») estarían enarbolando este arquetipo.

- **El creador:** representa la inventiva. Piensa que «si lo puedes imaginar, se puede hacer». Valora la imaginación y la creatividad. Les da a las personas el poder de autoexpresarse, y promueve el desarrollo de una cultura creativa. La marca ícono en este arquetipo es Apple, cuyo lema «*Think different*» la llevó a crear varias innovaciones en su tiempo. De igual forma Red Bull, cuya promesa se centra en el poder de la imaginación: «Te da alas».

- **El gobernante:** representa el liderazgo, el poder y el control. Piensa que el poder es lo único que importa, así como el liderazgo. Cree en el éxito desde una óptica de seguridad y estabilidad. Marcas líderes mundiales como Mercedes y BMW, o BCP («Seguridad y confianza») en el Perú encarnan este arquetipo.

Como hemos visto, los *insights* simbólicos nos permiten entender la naturaleza profunda, simbólica y emocional que existe entre consumidores y productos, una relación no obvia, evidente o necesariamente lógica-racional. En esta medida, nos ayudan a configurar ideas de nuevos productos o redefinir los existentes basados en estos significados ocultos, es decir, nos ayudan a innovar. Para encontrar *insights* del consumidor hay que separarse de lo convencional, y es aquí donde el *insighter* se ve obligado a pensar en otra solución, en una idea fresca basada en la reconceptualización del consumidor, de los productos o las marcas usando metáforas, arquetipos o pensamiento lateral/disruptivo. Sobre este último nos queremos centrar ahora, buscando transformar los paradigmas e imaginando nuevas ideas.

En nuestra propia visión, estos mecanismos de disrupción son fundamentales para la construcción y revelación de *insights*, pues estos se forjan a partir de miradas distintas de la relación consumidor-producto; miradas descarnadas, sorprendentes y reveladoras de esta relación. Tal vez uno de los ejemplos más brillantes de aplicación de *insights* simbólicos al campo del *marketing* sea el caso del detergente Ala, como veremos en el acápite final.

Ahora que ya conocemos la naturaleza de los *insights* simbólicos basados en las metáforas, analogías, pensamiento lateral y significado profundo de los productos, discutiremos algunas técnicas que, en nuestra experiencia, podrían ayudar a revelarlos y construirlos.

Revelando los *insights* simbólicos: las técnicas facilitadoras

> *El silencio del consumidor habla y cuenta muchas historias.*
> *El secreto del* insight *aguarda allí (oculto) esperando a ser descifrado.*
> CRISTINA QUIÑONES

Las técnicas facilitadoras son un conjunto de herramientas que permiten conducir, estimular, orientar y coordinar tareas de acción colectiva y participativa de manera efectiva y eficiente, posibilitando al *insighter* o *planner* llegar a conocer nuevas formas de pensamientos y sentimientos que el consumidor puede reconstruir respecto a los productos y las marcas. A partir de ello, puede concebirlas y verlas de una manera distinta, creativa y disruptiva a como lo ha venido haciendo.

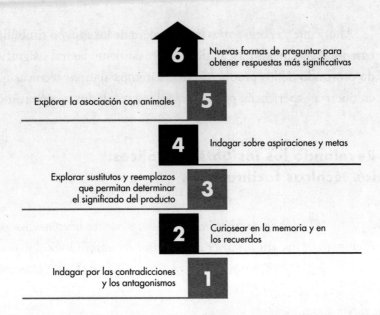

Gráfico 22. Tipos de técnicas facilitadoras

Existen distintos tipos de técnicas facilitadoras que se enfocan básicamente en ayudar a las personas a ordenar sus pensamientos, guiándolas de alguna manera para que puedan armar sus ideas de manera más coherente y precisa. Los tipos de técnicas facilitadoras que más utilizamos para la investigación de *insights* del consumidor tienen que ver con:

- Crear nuevas formas de preguntar para obtener respuestas más significativas. ¿Qué es lo primero que se te viene a la mente cuando te menciono la frase «planificación familiar»?
- Indagar por las contradicciones y los antagonismos. Cuando las personas se concentran en una situación contradictoria pueden desarrollar una mejor respuesta de lo que se quiere lograr. ¿Cómo sería un consumidor *antilight*? o ¿cómo sería un producto no grasoso?

- Curiosear en la memoria y en los recuerdos. En otras palabras, hacer que el consumidor recuerde sus sensaciones al relacionarse con el producto. ¿Se acuerdan del primer día que descubrieron o vieron a Axe?, ¿cómo fue ese momento?, ¿qué cruzaba por su mente?, ¿qué pensaban?
- Explorar sustitutos y reemplazos que permitan determinar el significado del producto. Es más fácil para el consumidor conectarse con el producto si siente que no puede tenerlo, que ha desaparecido o que tiene que reemplazarlo por otro ¿Qué harían si desapareciera el chocolate de la faz de la Tierra?, ¿comprarían algún otro producto?, ¿cuál?
- Indagar sobre aspiraciones y metas. Descifrar el mundo ideal de la persona respecto a un producto. Por ejemplo, olvídese de la realidad por un minuto. Si usted pudiera diseñar el mejor pañal, que tenga todo lo que busca, ¿cómo sería?

En conclusión, las técnicas facilitadoras apoyan la reconstrucción del pensamiento creativo del consumidor respecto al producto, las cuales, a su vez, se traducen en ideas estratégicas y creativas para las marcas.

CASO PRÁCTICO ¿INSTITUTOS O UNIVERSIDADES?: REDEFINIENDO LA MIRADA DESDE LAS PERSONAS

El trabajo de la investigación en *insights* a menudo trae desafíos, como replantearse los propios paradigmas, estigmas o convencionalismos. Siempre nuestro mejor consejo para las personas que quieran dedicarse a este arduo mundo de adentrarse en la mente humana es movilizar sus propios preconceptos, como lo son los estudios universitarios, por definición, «superiores» a los estudios técnicos, o que la formación técnica no es suficientemente exhaustiva o valiosa desde una perspectiva laboral o académica. Tuve la oportunidad de estudiar ambos tipos de formación (técnica y universitaria), así que entender este desafío fue más que interesante en lo personal.

Este tipo de desafíos lleva a distinguir claramente entre *insights* del consumidor e *insights* de la categoría, donde no hablamos solo del sentir del consumidor, sino del valor simbólico que puede tener una categoría para las personas. No es lo mismo lo que se vende que lo que finalmente una persona compra.

El desafío de conexión cultural

¿Cómo hacemos frente al menor interés por estudiar una carrera técnica frente a la carrera universitaria por parte de algunos alumnos? Mientras en otros países hay una mayor proporción de jóvenes interesados en carreras técnicas, en nuestro país solo uno de cada tres considera esta alternativa (Ipsos). Como resultado, la oferta no alcanza a cubrir la demanda de las diversas industrias y constituye una barrera para el crecimiento.

Luego de observar, pisar la calle, entrevistar diferentes grupos de interés y, sobre todo, entender la formación a la luz de las personas, comprendimos que los estudiantes técnicos en el país son más que una clase social, son una nueva fuerza con mentalidad de cambio que se siente parte de la solución y no del problema. Entrevistamos a muchos alumnos de institutos y compartimos largas jornadas con ellos. Recuerdo mucho la timidez de sus rostros y la humildad en sus respuestas. En el momento tenía la impresión —errónea, por cierto— de que no podrían tener la agilidad mental de un universitario y tampoco su facilidad de palabra. Me equivoqué, y mal.

En otro momento entrevistamos a empleadores de estos alumnos, es decir, gerentes de algunas empresas industriales que tenían a bien trabajar con muchos técnicos, y la mirada se fue ampliando. Recuerdo que uno me dijo muy claramente: «Yo prefiero contratar a estos muchachos porque son muy hábiles, tienden a resolver rápidamente, preguntar menos y hacer más». Por supuesto, la visión de este empresario tendía a subrayar la capacidad resolutiva de estos jóvenes, y como tal, a resaltar la eficacia en los resultados. Algo que ciertamente tiene que ver más con las acciones que con las palabras.

Esta capacidad se percibía también en el autoconcepto de muchos de estos jóvenes: «Nosotros sabemos lucharla y no tememos ensuciarnos las manos para solucionar los problemas». En su visión, la «chamba» se hace, al igual que la vida. Se trataba de jóvenes que se habían hecho a sí mismos.

De otro lado, muchos de estos jóvenes sentían que el país estaba lleno de personas que saben identificar problemas, pero no de personas que saben dar soluciones. Los técnicos sienten que aportan soluciones «prácticas y aterrizadas» en un mundo lleno de análisis y discusión, a veces innecesariamente larga o infructífera.

El *insight* revelado

En efecto, mientras en una universidad se diría que los padres compran la categoría de «profesional», en un instituto técnico lo que se estaría comprando es autonomía y decisión, una especie de adultez

208 DESNUDANDO LA MENTE DEL CONSUMIDOR

temprana («En mi vida, mis acciones van a gritar más que mis palabras; necesitamos menos floro y más acción»). Esto nos llevó a pensar que el foco de la propuesta de valor en una institución técnica se sustentaría en el poder transformador de las personas, además de los laboratorios de última generación y otros aspectos educativos. No es únicamente formación técnica como opción laboral, sino autonomía/independencia para la vida. Pensemos en un joven que estudia una carrera técnica, él está en contra de las estadísticas, en contra de los prejuicios/miedos de sus padres y hasta de la sociedad.

Esta profundización permitió entender el valor de la formación técnica desde las personas, la cual radica en la autogestión: «En el Perú todos quieren mandar y nadie quiere hacer. Tenemos exceso de diagnóstico y falta de ejecución. Necesitamos revalorar el hacer». Esta visión hacedora se destaca también en grandes emprendedores y líderes, como Gastón Acurio, el gran cocinero peruano, que alguna vez dijo: «El Perú necesita más cocineros, y no solo chefs». De ahí que en esta consultoría pudimos ver más allá de la propuesta educativa y entendimos que estos jóvenes no estaban pidiendo tecnología, sino reivindicación.

La estrategia de conexión cultural aplicada

Este caso ilustra que el problema estratégico no está solo en encontrar los *insights* del consumidor, sino en ayudar a la organización a ver que su rol iba más allá de solo la formación técnica (problema específico). Nos dimos cuenta de que el verdadero problema era la falta de valoración de la profesión en un Perú donde se detecta exceso de universitarios y falta de técnicos. Por razones culturales, muchos padres desean «lo mejor» para sus hijos, y esto se encontraría, para ellos, únicamente en la universidad.

Los estudiantes de formación técnica se sienten en la capacidad de realizarse a temprana edad, y tener una vida y el control de sus decisiones, a diferencia de algunos universitarios, que en su mayoría dependen más de sus padres; esto, por supuesto, en términos muy generales, porque es imposible —e innecesario— generalizar. En tal sentido, la propuesta de acción específica para incrementar el número de estudiantes técnicos estaba en ir más allá de las herramientas técnicas (campus, laboratorios, profesorados, etc.) y sumar además el orgullo y la reivindicación de la profesión técnica, en especial de su capacidad ejecutora. Está en reivindicar la labor del hacedor en un país donde todos quieren mandar y nadie quiere hacer.

En suma, se trata de ver de manera distinta la categoría de formación técnica. Más allá de las máquinas y la tecnología existe un joven que supera muchas barreras, ya sean económicas o culturales (prejuicios acerca de su profesión), además de barreras en su entorno social e incluso en su propia familia. El mensaje que más nos impactó fue el de un estudiante de formación técnica, que nos dijo: «Hice las cosas porque me dijeron que no podía hacerlas».

El resultado obtenido

Los *insights* revelados permitieron enfocar los objetivos y propuestas bajo los que se venía trabajando. Este cambio contribuyó a centrarse en los simbolismos que el estudiante tenía sobre su propia decisión (carrera profesional), más que ofrecer excelentes currículos y metodologías de enseñanza.

A partir de ello, se generó esta transformación de *mindset* y estrategia de comunicación, en donde la disrupción estaba en pasar de ser un instituto técnico a ser evangelizadores del «*do it by yourself*»; en otras palabras, de una nueva actitud «hacedora» que refuerza el sentido de orgullo del técnico peruano. Son ellos mismos sus principales herramientas de trabajo y el único equipaje con el que han venido. No vinieron con un pan bajo el brazo, pero sí con manos hábiles.

Los aprendizajes

Este caso nos muestra que siempre es importante mirar la categoría como fuente de *insights*. A veces, los mejores descubrimientos se dan cuando exploras la cultura y la perspectiva humana. La empresa, producto o marca puede ser visto de manera distinta si nos enfocamos en la perspectiva cultural y humana. Algunos ven rapidez en la formación técnica y, por tanto, facilismo (acabar rápidamente), pero otros ven autogestión y resolución (no dependencia). «En el instituto terminas más rápido para no depender de nadie, para solventar tus gastos y tu vida». Si logras ver con suficiente curiosidad encontrarás que, como decía el Principito: «Lo esencial es invisible a los ojos».

De otro lado, esta investigación también nos permitió entender la importancia de la disrupción como variable central del *insight*. Se trata de mirar distinto donde otros miran igual. La gran competencia de un instituto no es otro instituto, es el *statu quo* mental que nos hace pensar en la educación técnica como inferior o de menor valía. Ese *statu quo* lleno de tabúes y paradigmas sociales que tanto padres de familia como la sociedad en su conjunto venimos arrastrando y reproduciendo.

Finalmente, este caso demostró la gran importancia de pisar la calle y sentir a las personas reales en entornos naturales. Recoger historias reales en calles físicas y virtuales puede ser una gran fuente de aprendizaje. Y es que la calle enseña.

CASO PRÁCTICO JABÓN FEMENINO: DESCIFRANDO LA SIMBOLOGÍA DEL CUIDADO PERSONAL EN ECUADOR

Este caso refleja la importancia de penetrar en la psicología humana como fuente de *insights* y, sobre todo, de explorar las barreras o frenos a la conexión. Muchas veces nos detenemos en identificar aquellos factores que conectan, pero no en aquellos que nos alejan o detienen. Sucedió en Ecuador hace unos años, pero sigue vigente en mi memoria, debido al impacto que tuvo para mí.

Desafío de negocio: ¿qué se buscaba lograr?

Este cliente tenía una marca de jabón femenino muy exitosa en ventas, pero con bajo valor emocional. Su temor era que, ante un mercado crecientemente competitivo y una potencial «guerra de precios», pudiera afectarse su aceptación por parte de las mujeres ecuatorianas de segmento emergente en ciudades como Quito y Guayaquil. En suma, sentía que debía reforzar el vínculo y también gestionar una estrategia de posicionamiento de marca para el producto.

Investigación realizada: ¿cómo enfrentamos el desafío?

Decidimos apostar por una investigación etnográfica-cultural, llevando a cabo jornadas de inmersión en hogares y una exploración de sus espacios de intimidad (cuidado personal/lavado). Esto nos permitió tener una mirada muy «vivencial» de la categoría y entender mejor los códigos culturales detrás de la rutina de limpieza femenina. También hicimos algunas entrevistas situacionales en calles y plazas, buscando entender mejor a la mujer real en entornos reales.

Recuerdo que mi equipo y yo teníamos jornadas bastante intensas en los hogares, en los que las mujeres se lamentaban, algunas por su falta de tiempo para los estudios, otras se quejaban de no haber podido escalar más debido a sus tareas del hogar, y algunas más nos contaban sus historias en las que habían dejado el trabajo cuando se casaron y tuvieron hijos… Lo rostros y sus emociones eran claros, pero también había mucha luz en ellas cuando hablaban de sus hijos, de su amor por sus familias y de lo lindo que era para ellas poder tener espacios fructíferos, gratificantes, que nutren a sus seres queridos.

¿Qué nos impresionó? Los baños familiares (no de visita) y lo cuidados que eran…; incluso algunos tenían sillas debajo de las duchas, con mucha decoración de velas, productos especiales y batas/toallas que llamaban la atención. Al poder ingresar a la zona más íntima de los hogares pudimos notar que eran espacios muy cuidados y denotaban el carácter especial que tenían para estas madres de familia, y también el mucho tiempo que posiblemente podían pasar en ellos. Sin duda, se improvisaban *jacuzzis* o «duchas españolas» en espacios reducidos, con mucha creatividad, pero también con necesidad.

Además, logramos entrevistar a estas mujeres y preguntarles cómo efectuaban sus rutinas de limpieza, y siempre vimos jabones líquidos o espaciales en los baños de visita, ya que la idea siempre era «lucir bien» frente a los posibles invitados que llegaran al hogar. Los jabones grandes, al parecer, connotaban «bienvenida», y ponían al hogar como buen anfitrión. Por el contrario, jabones muy pequeños, de poco color o sin mucho atractivo visual sugerían desinterés y opacamiento. Cuando estas mujeres tocaban los jabones parecían poder disfrutar mucho del olor y de la propia experiencia sensorial que dejaban.

Problema de la marca: ¿cuál era el *stopper* de conexión?

La investigación nos sugirió varias barreras o frenos a la conexión, pero tal vez uno de los más relevantes tenía que ver con su imagen de «barato», que en términos psicológicos se traducía en «gente barata». Para muchas de las entrevistadas era un jabón básico, de precio bajo, «como un perro, porque le "mueve la cola a todo el mundo"». Era percibido casi como un jabón de rutina, muy cotidiano, o hasta «ordinario» (*commodity*). La marca cumplía el rol de una belleza ordinaria o simple.

En la mirada de las personas, el rol que cumplía el jabón era estrictamente funcional: un jabón de mano (menos personal) que prefieren usar otros para el cuerpo, un jabón básico no hidratante ni antibacterial, un jabón económico que resuelve funciones de limpieza diaria. El valor emocional estaba debilitado o era inexistente. Solo tenía valor económico.

Anti insight: ¿qué detenía el crecimiento de la marca?

Era como si el jabón les dijera a las mujeres «eres tan simple como el jabón que usas». En consideración de las entrevistadas, se trataba de un jabón muy simple, a tal punto que podía poner en entredicho la propia feminidad. En suma, habíamos vendido «simpleza» en un mundo femenino de frondosidad emocional. Se asociaba a una mujer muy simple, por no decir «básica», aun cuando socialmente el paradigma de simpleza era cuestionado: «Primero muerta que sencilla».

En suma, el territorio de la marca quedaba como *confort* simplista, mucha comodidad y poca sofisticación. Ello no tendría nada de malo si es que hubiera logrado conectar con el público al que se dirigía, pero en este caso, parecía que este simplismo jugaba en contra de la propia marca.

Arquetipo hoy:

Jabón barato para una persona «barata»:
«Todo el mundo la usa y la bota». Jabón de hostal.

Observamos que las mujeres de segmentos emergentes suelen tener rutinas apremiantes y estar siempre al servicio de sus familias. Suelen tener rutinas de limpieza apuradas y, por lo general, poco tiempo para sí mismas. A veces el único tiempo que tienen es en la noche, cuando ya realizaron labores y pueden por fin asearse y dedicarse a ellas mismas. Los baños en la noche suelen ser este espacio de *confort*.

Insight revelado: ¿qué descubrimos?

Teníamos clara la barrera, pero también nos tocaba entender el *driver* (gatillador). Para ello nos sumergimos un poco en la realidad de estas mujeres cuando tenían rutinas de limpieza corporal. Lo que descubrimos fue que, más que bañarse o limpiarse, lo que buscaban era acariciarse. El baño representaba ese momento de caricias emocionales que alimentaba la autoestima. En cierta forma, el baño se convertía simbólicamente en el diván de la mujer, desnuda y enfrentada a su propia verdad. Su mejor terapia, porque no solo enjabonan su cuerpo, sino que «se acarician» a sí mismas. En efecto, eran mujeres que tenían grandes apremios durante el día por sus obligaciones domésticas, y el momento en que encontraban gran placer era la noche; era entonces cuando podían tener rutinas más relajantes y, ciertamente, más duraderas con el jabón. Era en ese momento cuando podían realmente «alejarse del bullicio» y someterse a una especie de terapia o *spa* personal. Era su momento.

Idea estratégica: ¿cómo capitalizamos el *insight*?

Detectado el *insight*, tocaba repensar el rol de la marca en esta categoría. Creímos, junto al equipo de *marketing* del cliente, que la posición del producto tendría que pasar de vender jabón que limpia a jabón que fomenta el amor propio. Tal vez el rol de este jabón «básico» era reconvertir esta simpleza en un valor emocional: la autocaricia, haciendo del producto un instrumento de aceptación y encuentro con una misma. De esta manera surgía la oportunidad de hablar de estos momentos especiales de las mujeres en los baños, de sus conversaciones con ellas mismas, de su terapia diaria, o también de su momento de intimidad: «Mi momento».

Ello suponía definir también el segmento de mujeres a las que nos dirigíamos, y, por supuesto, entenderlo más allá del nivel socioeconómico o del bolsillo. Convenimos en que les hablaríamos a mujeres que se acarician a sí mismas y están aprendiendo a valorarse. Mujeres que disfrutan sus propios momentos. Eran mujeres que podían identificarse mejor con una promesa de ser sus propias dueñas emocionales, pues estaban en este proceso de reflexión interna, o podrían estarlo. Adultas o jóvenes, de bolsillos más grandes o pequeños, pero mujeres en proceso de amarse a sí mismas y buscadoras de todos aquellos mensajes de aliento que las animasen a continuar en esta búsqueda.

Propósito de marca: ¿qué causa defendemos?

Este jabón cree que el amor propio es la mejor forma de acariciarnos, y, por lo tanto, se concentra en el territorio del amor propio; ¡finalmente, el baño es el momento de caricias emocionales que alimentan la autoestima!

En suma: ¿qué aprendimos y logramos?

Se lanzó finalmente la propuesta de posicionamiento de la nueva marca y pudo extenderse la idea madre (amor propio) a otros productos de la categoría, como el *shampoo*. Debo decir que, honestamente, es muy difícil a veces, para cualquier marca, poder dedicar tiempo fuera de las oficinas para conocer al consumidor de a pie, o incluso teniendo ejercicios de sensibilización cultural, más allá de lo comercial. Lo sé porque también soy dueña de una empresa. Es a veces complicado dejar el «hacer» por el «sentir», pero también creo que muchas veces estas jornadas sintiendo, explorando, observando y entrevistando a personas reales en entornos reales nos dejan mucho para la vida, el trabajo y los negocios. Cada vez que salimos de nuestra propia realidad o zona de confort, la mirada se amplía y la visión se enriquece. Gracias, Ecuador, y, sobre todo, gracias a estas marcas y empresas que deciden apostar por la calle como fuente de valor.

LOS *INSIGHTS* CULTURALES: OBSERVANDO LA CALLE, LOS RITUALES Y LAS RUTINAS DE LA GENTE

*Si quiere saber cómo cazan los leones, no
vaya al zoológico, sino a la jungla.*
CRISTINA QUIÑONES

A lo largo de los capítulos anteriores, hemos podido apreciar la diversidad de fuentes y técnicas que se utilizan para la obtención de *insights*, ejemplificando también cómo debe ser abordado el consumidor a partir no solo de lo que dice, sino también de lo que siente y hace. El consumidor es un ente social (no aislado), y el consumo también lo es, por ello, es imposible entender las razones y significados profundos del consumo sin tener en cuenta el marco de referencia social y cultural, ya que no se trata de aislar al consumidor de su contexto sociocultural, sino más bien de incluirlo.

En este capítulo exploraremos el hacer del consumidor a través de las técnicas etnográficas basadas en la observación, inmersión y análisis de los contextos sociales y culturales donde tiene lugar el consumo. Entender los contextos sociales y culturales da lugar a lo que se llama «*insights* culturales», que serán desarrollados a continuación.

Los *insights* culturales y la estrategia de marca

> *El* insight *del consumidor no se obtiene leyendo un par de libros, se obtiene en la cancha: sintiendo, escuchando y observando.*
> CRISTINA QUIÑONES

El *insight* de la cultura es fundamental para la construcción del entendimiento —a profundidad— de las marcas y del rol que juegan en la vida de las personas. Sumado a los *insights* del consumidor, la categoría y marca pueden darnos ideas de los significados culturales del consumo, y el rol de nuestras marcas en estos. En tal sentido, creemos que no basta con entender la relación del consumidor con la marca, sino también con el contexto a nivel individual, microsocial y macrosocial. No basta con entender a los individuos, sino a los colectivos (grupos de individuos) y sus formas de organización. Las subculturas, tribus de consumidores (*brand communities*) y la cultura a menudo son fuentes de *insights* muy profundos y de amplia visión/ espectro. Algunos investigadores han convenido en llamarlos *broad insights* (Morling, 2009); nosotros los llamaremos *insights* culturales.

Para hallar *insights* culturales debemos tener una aproximación vivencial y aguda al contexto donde ocurre el consumo, revelando:

- Actores y sus comportamientos sociales/ relativos al consumo
- Espacios y escenarios de actividad, y su temporalidad
- Rutinas y rituales propios de la conducta humana en contextos determinados
- Creencias sociales y valores culturales
- Fuentes de poder y liderazgo
- Patrones de interacción y comunicación humanos
- Mitos, simbología y arquetipos colectivos
- Modas, tendencias y códigos emergentes

En un sentido amplio, la cultura permite decodificar significados construidos socialmente en torno al consumo y, por tanto, contextualizar el valor atribuido a productos/servicios. En algunas subculturas o «tribus de consumidores» la lectura puede ser decodificada como intelectualidad, y en otras, como instrumento para la acción. Como se podrá advertir, el diario o revista esperada puede ser muy diferente en ambos contextos. El conocimiento de estos marcos de referencia nos permite adaptar mejor nuestras plataformas de comunicación y de oferta. Se trata de entender a la gente desde su cosmovisión del mundo y no desde la nuestra.

El entendimiento de la cultura podría darnos pautas para adaptar, por ejemplo, servicios educativos si analizáramos «el estilo de vida migrante y su relación con el emprendimiento en la nueva Lima». También para lanzar una nueva cerveza popular si pudiéramos observar «los hábitos alrededor del consumo de la cerveza en hombres de barrios marginales». Podríamos generar nuevas propuestas de servicio de transporte público al «analizar el lenguaje popular y uso de jerga en cobradores de combi» o también podríamos obtener *insights* que alimenten una nueva propuesta de diversión en segmentos de clase alta mediante «los patrones de socialización y diversión en las playas del sur: hacia la identificación de estilos de vida privilegiados».

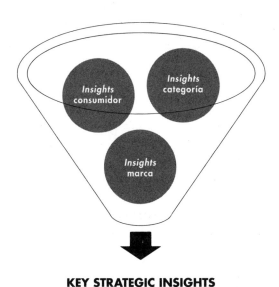

KEY STRATEGIC INSIGHTS

Gráfico 23. Elementos del *key strategic insights*

El caso de los camposantos católicos es un buen ejemplo de la importancia de *insights* culturales. Si analizamos a profundidad al «cliente»
de estos servicios podemos encontrar que su concepción de la muerte
puede ser esperanzadora y hasta vivificadora en ciertos grupos poblacionales, para quienes la muerte no representa más que el paso a
otro estado de bienestar más pleno y positivo: «Se dice que cuando
alguien muere, una estrella se abre paso». El *insight* derivado de la
cultura nos ayuda a reconceptualizar la muerte como espacio de vida,
ligado a conceptos como el cielo, el paraíso, entre otros, ya que nos
motivan a relacionarnos de forma más positiva con este momento.
El *insight* del consumidor podría ser definido como sigue: «Las buenas elecciones en vida no pueden terminar con una pésima elección
sobre la muerte. Yo quiero morirme como viví: alegre, entusiasta».
El camposanto católico se vuelve así un espacio de liberación emotiva
más que de muerte física. Despojarse del cuerpo puede vivenciarse
como un acto liberador de las demandas e imposiciones de la vida
terrenal; el fallecido ahora es libre y vive su paraíso, es decir, pasa
a mejor vida.

Los *insights* culturales impactan también en la definición de
estrategias de *branding* o posicionamiento de marcas. En el caso de
la industria tecnológica, supone, por ejemplo, explorar el significado
cultural y simbólico que tiene el uso de herramientas tecnológicas
para sus usuarios. Dell encontró que para algunos sectores sociales
la tecnología no debía ser un privilegio, sino más bien una herramienta esencial para el éxito humano, ya que la tecnología no vista
en términos individuales, sino sociales, involucraba crecimiento,
desarrollo y logro. Por tanto, establecieron su propósito de marca
como sigue: «Ofrecer soluciones tecnológicas que ayuden a las personas de todo el mundo a que crezcan y se desarrollen». Dentro de
este propósito subyace la necesidad de acercar la tecnología a la gente
y no solo al mundo corporativo. Para ello establecieron sus razones
para creer (*reason to believe*) de la siguiente manera: «Hacemos de

lo complejo, algo simple; y además, hacemos de lo poderoso, algo fácil de usar». El resultado fue un reposicionamiento de la marca en la cual, la empresa logra entender su real misión empresarial desde una perspectiva consumocéntrica: «En Dell nosotros creemos que la tecnología existe por una razón: para ayudar a las personas y a las organizaciones a que hagan y logren más». El eslogan de cierre quedó definido como «*Dell, the power to do more*». El cambio en la estrategia de marca de Dell se dio como parte de su relanzamiento en el mercado de soluciones y servicios de IT, luego de haber permanecido varios años en el mercado con una orientación de precio y modelo de customización hacia el consumidor. El caso fue presentado en el 2011 Customer Insights Conference de la Yale School of Management (Carroll, 2011).

Revelando los *insights* culturales: las técnicas etnográficas

Un consumidor reacciona, en la vida real, de modo diferente a si estuviera en un laboratorio por efecto de la cultura. Exploremos su mente, mundo, cultura y sociedad, y no solo su cerebro.

La etnología tiene como objetivo y materia de estudio la cultura y las formas de organización de pequeños grupos sociales, empleando como método la etnografía, la cual sirve para revelar significados que sustentan las acciones e interacciones que constituyen la realidad social del grupo estudiado; para ello cuenta con la participación directa del investigador (Badot *et al.* 2009).

Las técnicas etnográficas se realizan para conocer el entorno del consumidor. La idea principal de estas técnicas es observar tanto su comportamiento como el momento en el que se experimenta el consumo. Más allá de las palabras, se trata de mirar los actos, las expresiones y descifrar el tono de voz, yendo más allá de la entrevista, ya que el consumidor puede mentir en las respuestas, pero no puede mentir con los actos.

Etimológicamente, la palabra etnografía se deriva del vocablo griego *ethno*, que hace referencia a un grupo humano específico, diferenciado más que por su raza, por su forma de comprender el mundo (cultura); y de *graphy*, que significa 'descripción de'. Por tanto, este método de investigación permite estudiar los terrenos simbólicos e inconscientes que componen el imaginario colectivo, con el fin de poder intervenir en las comunidades y modificar sus conductas. Foucault (1990) asevera que la etnología y el psicoanálisis son ciencias del inconsciente: no porque alcancen en el hombre lo que está por debajo de su conciencia, sino porque se dirigen hacia aquello que, fuera del hombre, permite que se sepa, con un saber positivo, lo que se da o se escapa a su conciencia.

De ahí que, desde hace algunos años, se viene abriendo camino a teorías y técnicas de la etnografía, es decir, la metodología de investigación propia de la antropología cultural al entendimiento del comportamiento del consumidor. Martín & Vite (2001) afirman que hasta los años 80 las técnicas etnográficas empezaron a aplicarse para entender y estudiar al consumidor, y enriquecer la investigación de mercados. No obstante, con el pasar del tiempo, fueron poco a poco convirtiéndose en generadores de *insights* y conocimiento acerca de las necesidades reales del consumidor, que resultaron relevantes para comprender el mundo de los consumidores, lo que posibilitó desarrollar nuevos productos y contribuir a la comunicación de marcas y categorías de productos en términos de necesidades que provenían del mismo cliente.

Lo que se busca con la aplicación de esta técnica es hallar formas de aproximarse a la realidad de los consumidores de una manera menos rígida, trasladando los focos de atención a las vidas de las personas por medio de la inserción del investigador en su cotidianidad, ya que la búsqueda del *insight* se traslada a todos aquellos espacios donde puede fluir el actuar, decir y pensar del consumidor, acercándonos más no solo a observar, sino también a ser parte de los entornos en que se desenvuelven, cómo se relacionan, qué rol juegan las nuevas tecnologías en sus vidas, sobre qué giran sus conversaciones cotidianas o cualquier otro aspecto que aparezca de manera inesperada (Gil y Romero, 2008).

Por tanto, la etnología aplicada al estudio del consumidor debe identificar elementos accionables para el negocio, a partir de validar la compatibilidad cultural de la oferta. Para su práctica, el *insighter* debe descolocarse de su posición de comodidad en una oficina y reinstalarse en la realidad social de su consumidor; debe desnudarse para vestirse de nuevo desde la óptica de este, acercándose de esta forma a lo que Páramo (2000) señala como la principal distinción de la investigación etnográfica: el compromiso con la interpretación cultural de las circunstancias propias del tema en consideración. Por ello, más que la utilización mecánica de métodos, se trata de una inmersión y proceso de cambio de mentalidad, ya que no espera recibir información desde su sitio, sino ir en busca de ella, siendo él mismo partícipe de la experiencia. La etnología genera conocimiento sobre una colectividad específica analizando sus concepciones de tribus, objetos, entorno, poder, rituales, comunicación y mitos. En suma, produce mecanismos de comprensión y herramientas de investigación que permitan comprender cómo el grupo entiende la realidad y sus formas de relacionarse.

La idea principal es observar el comportamiento del consumidor en una situación real, tratando de capitalizar los actos y las expresiones del consumo. Más que lo explícito en una declaración (denotativo), agudizarán la interpretación de lo que el consumidor revela en sus actos (connotativo). Esto no será fácil, ya que el consumidor no siempre sabe lo que dice o no dice lo que piensa, por tanto, no podríamos tan solo preguntarles, sino que debemos también escuchar, explorar, hacer seguimiento y repreguntar (McCracken, 2012). En esta línea, es posible entender que la etnografía trata de superar tres barreras básicas: la memoria, la consciencia y la apariencia.

Gráfico 24. Barreras básicas que supera la etnografía

Las técnicas etnográficas buscan interpretar la cotidianeidad del consumidor desde lo que ellos hacen, y no solo desde lo que dicen. Esto implica:

a. Observación en ambientes naturales.
b. Interacción directa con el consumidor.
c. Atención al significado y no al acto mismo.

Usualmente, las técnicas etnográficas suponen la recolección de diversos documentos y productos que permitan identificar estos códigos culturales, tales como audios de entrevistas, videos, fotografías, álbumes familiares, productos culturales simbólicos, simbología religiosa, notas de entrevistas y de observación (proxemia, kinesia), y resultados de la exploración de espacios, lugares, dormitorios, cocinas, clósets, etc.

Un ejemplo gráfico de la importancia del conocimiento de los sistemas culturales en los cuales se encuentran inmersos los consumidores se puede encontrar en el caso de McDonald's en Bolivia, según lo refiere la revista *Marketing Directo*. Después de establecerse catorce años en Bolivia, y a pesar de todas las campañas que realizó, la cadena norteamericana se vio obligada a cerrar todos los restaurantes que mantenía abiertos en las principales ciudades del país, convirtiéndose así en el primer país latinoamericano que se quedó sin McDonald's y en el primer país en el mundo donde la empresa cerró por tener sus números en rojo durante más de una década. Este suceso fue tan impactante para los creativos y jefes de *marketing* que posteriormente grabaron un documental titulado *¿Por qué quebró McDonald´s en Bolivia?*, en el que se hizo un ensayo de explicación de las razones que llevaron a los bolivianos a seguir prefiriendo las empanadas a las hamburguesas. Llegaron a la conclusión de que el rechazo no era a las hamburguesas en sí ni a su gusto, sino que ese rechazo se encontraba en la mentalidad de los bolivianos; es decir, todo indicaba que el *fast food* era la oposición de la concepción que un boliviano tiene de cómo debe prepararse una comida, ya que en este país la comida, para ser buena, requiere, además de gusto, esmero e higiene y mucho tiempo de preparación. Estos son los indicadores de cómo valúa un consumidor boliviano la calidad de lo que se lleva al estómago: también por el tiempo en que se hizo el manjar; por ello la comida rápida no es para ellos, no se sienten identificados con este tipo de alimentación (Marketing-directo.com, 2011).

Las principales técnicas etnográficas que hemos utilizado a partir de nuestra experiencia como *insighters* son las siguientes:

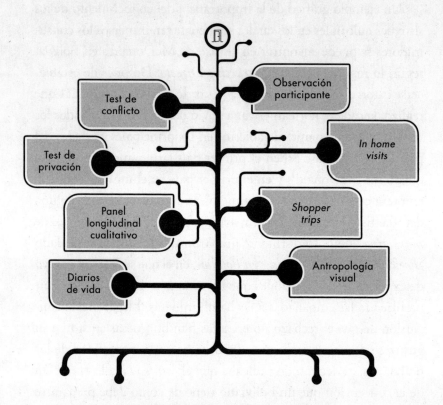

Gráfico 25. Tipos de técnicas etnográficas

Cada una de las técnicas debe ser complementada con preguntas e interpretaciones que indaguen en los motivos profundos de los consumidores, más allá de la respuesta textual que siempre conlleva el sesgo de la mirada ajena del investigador.

CASO PRÁCTICO «SIN CALLE NO HAY *INSIGHT*»: PROFUNDIZANDO EN LOS *INSIGHTS* CULTURALES DEL CUIDADO PERSONAL EN CENTROAMÉRICA

«Sin calle no hay *insight*». Esta frase resume el enfoque de *insight* en las organizaciones, donde tenemos personas dentro y fuera de la empresa, que requieren ser abordadas con respeto, pero también con profundo interés de entender, empatizar y conectar con su realidad, y no mirarlos desde la nuestra. Nadie puede conectar con quien no conoce. El *insight* nos recuerda que no estamos únicamente ante consumidores, sino frente a personas con metas y propósitos más allá del consumo, que viven en entornos culturales que suponen una influencia muy importante en sus decisiones, por lo que es importante confiar más y mejor en la cultura como fuente de valor para la toma de decisiones en los directorios. El cuidado personal, muchas veces íntimo, personal y muy confidencial, trae retos a nivel de abordaje, pero sin duda también es un interesante desafío cultural. Cuando se trata de explorar hábitos y costumbres de personas de a pie, trabajadores, emprendedores, comerciantes y amas de casa de los segmentos emergentes, pronto se llega a la constatación de que el uso de rituales ancestrales, recetas populares y sabiduría de la calle emergen como patrones dominantes. La cultura impone sus propias recetas, más allá de los productos industrializados como jabones, desodorantes, cremas y talcos.

El desafío de conexión cultural

Como en muchos de nuestros países, en algunos segmentos emergentes de Centroamérica el uso del desodorante no es parte de la rutina diaria, por lo cual se busca sustitutos como las cremas, talcos, perfumes, lociones, entre otros. Asimismo, es importante entender de qué manera productos como el bicarbonato de sodio, el limón o los ácidos cubren perceptualmente la expectativa por un cuidado «natural» y sin «químicos».

Muchas veces, para «competir» con este acervo popular las marcas deciden entrar con productos de bajo precio al «segmento económico», y con un criterio de *entry level* que muchas veces es confuso porque no se termina de entender qué propuesta de valor se va a diseñar o si el criterio económico será el relevante. Esto nos impide entender la lectura de las personas, y en algunas ocasiones, el «precio bajo» oculta un criterio de mayor valor (culturalmente determinado) que se encuentra cuando uno pisa las calles y siente la realidad. Nos ha pasado en mercados como Bolivia, cuando investigamos alimentos perecibles; en Colombia, cuando indagamos el segmento microfinanciero; en Perú, cuando evaluamos la oferta del canal moderno, y nos tocó en algunos países de Centroamérica, cuando exploramos el mercado del cuidado personal.

Investigación en *insights*

Para entender este reto hay que pisar las calle y entender la cultura de consumo en el mundo *low cost*; establecer jornadas en puntos de venta para entender la cultura de compra; desarrollar talleres creativos con personas y ciudadanos locales; establecer visitas a sus hogares para conocer las historias de vidas, rituales y comportamientos cotidianos. Todos estos ejercicios de exploración permiten sumergirnos en la realidad.

La exploración cultural nos permite entender que la «actitud de chamba» y la filosofía de vida, «siempre encendido y nunca vencido», suponen un esfuerzo diario y una dignificación del trabajo basado en esfuerzo físico. Sudar es una demostración del buen trabajo realizado y del carácter persistente de quien lo realiza. El cuidado personal no tiene necesariamente la lógica estética de otros segmentos poblacionales de mayor poder adquisitivo y de trabajo oficinista menos móvil (o menos expuesto a inclemencias del clima, ruido y sudor de la calle). Se trata de un ciudadano regido por el trabajo duro y el alma humilde. El esfuerzo y el sudor no quitan lo digno; y su alma inquieta y espíritu móvil lo hacen propenso a intensificar aromas; buscan soluciones caseras, pero también «naturales», aquellas que aprendieron en casa y heredaron de sus padres/abuelos. Si no hay dinero, la idea es maximizar el uso de recursos naturales que se tengan en casa; no es falta de entusiasmo por productos industrializados de cosmética personal, es resiliencia y valentía para darle valor a lo que otros no. Mientras algunos ven falta de accesibilidad a productos por razones económicas, hay quienes ven (vemos) valentía por salir de la crisis con recursividad, inteligencia y frugalidad. Hacer más con menos, y usar lo que se tiene, es claramente una capacidad para manejarse en entornos deficitarios.

De otro lado, su carácter colectivista los hace proclives a soluciones que tengan carácter familiar o brinden soluciones a todos los miembros de una familia. Esto a veces «choca» con una perspectiva individualista o personalista en la comercialización de productos dirigidos a clases medias que tienen en el ego-individuo sus tótems de aspiración. Digamos que mientras uno piensa que los envases familiares son más requeridos porque «son eficientes desde un punto de vista económico» —lo cual es verdad—, otros ven, adicionalmente, que son más adaptables culturalmente. Un envase grande habla de una posibilidad mayor, de cubrir la carencia con abundancia y de retar la escasez con inteligencia. Simbólicamente, la abundancia (cantidad, envase grande, rendimiento, etc.) genera seguridad emocional y es un gran referente cultural.

En una sociedad colectivista, de familias de mayor tamaño y actitud expansiva, el cuidado personal debe cumplir un rol más que de protección social (no huelas mal, no te veas mal, no te abandones), de unión social (no niegues el abrazo a nadie, comparte más, abre las puertas a todos). Se trataría de una estética para abrirse al mundo (a través de mejor y mayor cuidado personal), no para afirmarse únicamente.

Insights culturales

Pisar la calle, conversar con las personas y observar sus rituales, permite descubrir que en realidad la verdadera competencia al cuidado personal es el aprendizaje social, por tanto, el uso de la sábila, el limón y el bicarbonato sustituyen el empleo de productos estéticos industrializados porque en los segmentos emergentes de Latinoamérica, el cuidado personal tiene «herencia familiar» y se aprende en casa, no en la tienda; es decir, las cosas se aprenden más por tradición que por televisión.

Productos estéticos en *spray* transmiten frescura; en cambio, ciertos productos en crema transmiten pesadez, pues en zonas con mucho calor generan rechazo. Si bien las personas parecen aludir razones funcionales para este rechazo («son muy gomosos»), detrás de estas ideas se ocultan razones culturales. El limón y la sábila transmiten la idea de frescura porque los vemos en diferentes ámbitos de la vida diaria. No se trata de usar aerosol para creerlo, la frescura va más allá de una propuesta de empaque o producto, está en el acervo cultural.

Por otro lado, los latinoamericanos trabajadores de segmentos emergentes necesitan productos de cuidado personal igual de intensos que ellos, y que vayan con su estilo de vida móvil. Algunos «productos de tocador» se quedan estáticos y no le siguen el ritmo al estilo de vida «luchador» que inunda los barrios, plazas y parques. En estos casos, se necesita menos tocador y más calle.

El cuidado de las personas dice mucho sobre quiénes son, es cierto, pero también el entendimiento cultural de los profesionales de *marketing* dice mucho de cuánto le importan las personas. No podemos conectar con quienes no conocemos. El sudor dignifica, y la calle narra historias que muchas veces las personas no siempre cuentan en espacios de investigación más formales. Toca observar más.

La estrategia de conexión cultural

En muchos estratos emergentes no se trata de hablar únicamente de «extraprotección» en términos funcionales, sino de proveer una suerte de blindaje contra la pesadez para un latinoamericano con un día ya lo suficientemente pesado. Una propuesta culturalmente adaptada haría una disrupción de la categoría que permita pasar de un producto de cuidado personal estético, a uno que se reconozca por su versatilidad y adaptabilidad al ritmo de vida intenso del «sudador de a pie». Se trata de entender el sudor, el trabajo, el esfuerzo, la movilidad y las rutinas del día a día para entender cómo las prácticas y rituales de cuidado tienen sentido y propósito en estos marcos culturales. Hablar únicamente desde términos funcionales como «oler bien», «cuidarse la piel» o «suavizar las manos» se queda en un primer nivel. Establecer un nexo entre estos atributos y los valores que emergen de los mismos es clave: ¿se trata de un producto pequeño de precio accesible o se trata de una esencia concentrada, «chambeadora» y fuerte? ¿Se trata de un perfume intenso o de almas fuertes que requieren protagonismo y visibilidad en una sociedad que no los ve? ¿Es un producto móvil *on the go* o es un producto que se mueve como tú, porque nunca está quieto y siempre anda buscando nuevas oportunidades? ¿Se trata de perfumarte de algo que no eres o más bien afirmar la propia valía y el amor propio como ejes de identidad y reivindicación? Ciertamente, cada desafío tiene sus propias lógicas y limitaciones, pero siempre será mejor explorar la cultura como fuente de oportunidad.

Los aprendizajes

En conclusión, los valores culturales, las creencias colectivas y las prácticas sociales representan un marco de referencia obligado para tomar decisiones. Como solemos decir en este libro, una transformación cultural tiene que tomar en cuenta no solo la cultura corporativa, sino la cultura del país. Las marcas se transforman desde adentro hacia afuera, pero ciertamente a veces necesitan mirar afuera para remirarse adentro. Es importante desarrollar en los equipos la capacidad de adelantarse al mañana descubriendo las tendencias socioculturales, tecnológicas, industriales, medioambientales y de comportamiento que impactan en nuestras organizaciones y cambian nuestra forma de entender el consumo. Esto supone un replanteamiento de los paradigmas existentes y el cuestionamiento sano a lo que creíamos saber. Sin calle, no hay *insight*.

CASO PRÁCTICO INCLUSIÓN FINANCIERA: UNA MIRADA A LAS MICROFINANZAS DESDE LA CULTURA

Un ejemplo claro de la importancia de la cultura y los *insights* derivados de este entendimiento es el rubro de las microfinanzas, en el que se tiene emprendedores que buscan mucho más que dinero, créditos o simplemente simplificación administrativa. Estamos frente a ciudadanos que están en proceso de crecimiento y necesitan fuerza para creer y fe para continuar. A veces, el capital de (auto)confianza puede ser tan o más importante que el económico. Nos toca, por tanto, redefinir las estrategias de conexión con los emprendedores y emprendedoras peruanos de las zonas emergentes de nuestros países, tomando como base, entre otros aspectos, una mirada cultural y de *insights*.

El desafío de conexión cultural

Muchas veces, la banca formal o tradicional tiene dificultades para conectar con los emprendedores de las regiones andinas o con aquellos que no necesariamente encajan con códigos citadinos o capitalistas en el sentido convencional del término. Sin embargo, las cajas locales logran un mayor indicador de retención de clientes. Y es que la construcción de la confianza es un gran reto entre los emprendedores de regiones andinas del Perú, debido a que se demanda una mayor conexión con el emprendedor a nivel de trato, reconocimiento, comunicación y comprensión. En nuestros varios retos de investigación del emprendimiento peruano nos ha tocado identificar el rostro y las expectativas detrás de las microfinanzas.

En estos retos ha sido clave profundizar en los simbolismos de la cultura emprendedora que hereda valores de la cultura local como la trascendencia y el respeto. Este legado podría traducirse de dos formas:

- Modernidad sin perder conexión con su pasado: orgullosos de su historia, orgullosos de su tierra.

- Compromiso social: desde el clima hasta la autoridad no les ayudan, por eso les interesa crecer y cuidar lo suyo.

Las identidades del emprendedor son muy distintas y diversas. Para ello se requiere penetrar en sus dolores o tensiones a través de *workshops* de desnudez mental con los equipos estratégicos; incurrir en inmersiones culturales en regiones del país «pisando la calle» y sintiendo la realidad desde la vivencia misma; experimentar jornadas como asesores de negocio para entender su problemática y vivenciarla; desplegar talleres creativos de *insights* con emprendedores para conocer historias de vidas de los emprendedores y visitar sus hogares para entender su psicología individual y social. El barrio y la calle a veces cuentan historias que la propia persona es incapaz de decir (o confesar).

Los *insights* revelados

La investigación de *insights* humanos y culturales nos permite descubrir que detrás de un emprendedor usualmente hay un aprendedor, por lo que existe claramente una transición del emprendimiento para sobrevivir al emprendimiento para trascender. De ahí la importancia de entender la mentalidad y no solo las necesidades financieras *per se*.

El emprendedor suele valorar que «el poder de la ambición vale más que el poder del dinero. No estamos ante un emprendedor debilitado, estamos ante un emprendedor empoderado». De esta manera, se identificaron cinco conectores con el emprendedor del sur que iban más allá de la superación económica:

- Emprendimiento como *mindset* hacedor: lo que no sabe hacer, se lo inventa, y lo que no puede hacer, se lo consigue.

Un emprendedor que no se queda quieto y no tiene miedo a tomar riesgos. A más problemas, más ideas; a más crisis, más oportunidades.

- Movilidad mental: las crisis aceleran oportunidades, y en situaciones complicadas como la pandemia o la inflación, suelen despertar la pasión que todo emprendedor tiene dentro. «La pandemia me cerró puertas, pero abrió mi imaginación», «Podré quedarme en cero, pero nunca quedarme quieto».
- La tecnología como combustible para las ideas: es interesante cómo la digitalización en los medios y formas de pago ha acelerado también la agilidad mental y las oportunidades para muchos emprendedores: «Las redes sociales, los medios de pago y el WhatsApp le dan visibilidad y fuerza a mi negocio».
- Resiliencia y aprendizaje: la importancia de la educación; emprender es aprender. A más dificultades, mayor reinvención. El éxito está al otro lado del miedo: «Estaré jodido, pero no vencido; puedo caer pero no dejar de aprender».

Emprendimiento de ideales y no solo de ideas. Emprendimiento que persigue ideales y no solo ideas. «Mi negocio también sirve para mejorar mi entorno y mi ciudad; hago patria».

En nuestras muchas conversaciones con emprendedores en diferentes regiones del país, algo que siempre nos ha llamado la atención es el fuerte sentido de orgullo: «Mi trabajo y mi esfuerzo rinden tributo a mis raíces y a mi historia». Lo interesante aquí es que muchas veces este orgullo no se queda en lo individual, sino que tiene un correlato social: «Mi negocio también sirve para mejorar mi entorno y mi ciudad, hago patria». Esta visión de construir y aportar parece no estar del todo reflejada en las propuestas de valor de las microfinancieras que suelen tener una lectura muy transaccional, cuando no impersonal del emprendedor de a pie. Se mira el tamaño de su bolsillo (y se lo etiqueta como tal), pero se descuida o se olvida su grandeza en valores, y, por supuesto, en ambición: «No importa cuántas veces me caí, siempre pude levantarme».

Para muchos de estos emprendedores, que vienen de los sectores emergentes de Latinoamérica y que han surgido a pesar del Estado y de sus propias limitaciones, las finanzas no solo son un importante aliciente económico, son sobre todo un aliciente moral: «Quien viene únicamente a hacer dinero (negocio), siempre puede perder, pero quien viene a prosperar y a aprender, siempre tendrá algo que ganar». Las ganancias extraeconómicas a veces son inadvertidas por la sociedad, e incluso para muchos otros emprendedores. Se penalizan las pérdidas, pero no se premian los intentos. Se castiga la mora, pero no se incentiva la lealtad. Se evalúa la capacidad crediticia, pero se descuida la trayectoria y evolución del emprendedor. Miramos el bolsillo, olvidamos a la persona.

La estrategia de conexión cultural

Los *insights* revelados permiten capitalizar oportunidades de reconexión cultural con emprendedores emergentes.

No basta ofrecer buena tasa y cobertura, es necesario que la banca y cualquier entidad microfinanciera pueda presentarse y declarar «sus intenciones» para con el país, e incluso para con el gremio. Nadie puede confiar en quien no conoce. La confianza se gana cuando hay respeto, y el respeto se da cuando una entidad puede confiar sus orígenes, sus valores, sus inicios, sus caídas y, ciertamente, sus aprendizajes. Las finanzas deben contar el por qué y para qué están en el país, y qué cambio quieren lograr en el mundo.

La reciprocidad es la base de la confianza, y entre los emprendedores emergentes es el motor y motivo de cualquier transacción comercial. No puede ganar un solo lado, tienen que ganar ambos. «Lo justo», dicen algunos; «dignidad», le llaman otros. El emprendedor apuesta por la entidad financiera cuando decide trabajar con ella, y esto debería llevar a la propia entidad a ser recíproca y premiar su lealtad. Las finanzas deben agradecer y no solo penalizar. Los círculos virtuosos de lealtad se dan sobre la base del respeto y la consideración por el otro.

Si no hay reconocimiento, no hay involucramiento. Los emprendedores nos relacionamos con quienes pueden o quieren empatizar con nuestros dolores, quienes los entienden y hasta los sienten. Un emprendedor no puede confiar en otro «si solo ve mi negocio y no ve mi historia». Se espera de las entidades microfinancieras un trato que reconozca el espíritu de evolución del negocio, y no solo su presente; que valore la ambición, y no solo el bolsillo; y sobre todo que pueda reconocer el éxito real, ese que no está en estado financiero únicamente, sino que permea en la vida de otras personas y en el entorno del propio emprendedor. El éxito de dejar un legado y formar parte de la vida de una comunidad.

En efecto, la confianza se gana con el tiempo y se rompe por la falta de consideración o respeto. El emprendedor no suele confiar en quien no celebra su historia o la valora. A las finanzas les hace más falta la sensibilidad social y cultural. El enfoque transaccional debe dar paso a un enfoque de ganancia emocional (no solo económica), de beneficios colectivos (más que individuales), de un enfoque en recompensa (no solo castigo) y, finalmente, de una propuesta de empoderamiento financiero (reconociendo a la persona, más allá del dinero).

Los aprendizajes

Con base en estos *insights* culturales las entidades microfinancieras y la banca en general pueden gestionar procesos de transformación organizacional. No basta la transformación digital, hay que sumar la transformación cultural, porque la pobreza mental es más peligrosa que la económica. El emprendimiento bien desarrollado (a través de las finanzas) es un motor de cambio y ciudadanía en países en vías de desarrollo. No solo construyen valor para sus entornos, sino para la sociedad. ¿Están nuestros protocolos de atención al cliente respondiendo a los códigos culturales de trato, atención y relación de nuestras ciudades? ¿Está el personal de las entidades financieras adaptado a la cultura local y se muestra respetuoso de sus valores o formas? ¿Hemos celebrado junto con los pobladores locales sus festividades, danzas y fechas importantes? ¿Hemos generado algún tipo de impacto social más allá del que mostramos en nuestros comerciales? ¿Estamos realmente inspirados por y para la gente?

Las finanzas deben tener una lectura social, cultural y hasta moral de la industria; deben sumar a sus expertos en finanzas, especialistas en comportamiento humano y especialistas en ciencias sociales. La economía es una ciencia social, solo que a veces se nos olvida.

CASO PRÁCTICO AUTOCONSTRUCCIÓN: REENTENDIENDO LA LÓGICA DE LA VIVIENDA DESDE EL SENTIR CULTURAL

Uno de los casos más interesantes que nos ha tocado explorar y que involucra mucho entendimiento cultural es el de la construcción de viviendas en las zonas rurales y las regiones del Perú, puesto que nos llevó a involucrarnos con el sentido de crecimiento familiar, del éxito construido colectivamente y con las diferentes necesidades de la autoconstrucción en países emergentes. En particular, nos pareció muy relevante sumergirnos en el contexto cultural de una ciudad como Juliaca, que tiene un gran sector comerciante, pero también múltiples desafíos a nivel urbanístico y de desarrollo inmobiliario. Necesitábamos profundizar en los frenos y *drivers* culturales dentro del proceso de adquisición de lotes (terrenos) entre los juliaqueños.

El desafío de la conexión cultural

Muchas veces no entendemos por qué un poblador elige una cierta forma de vida, un terreno e, incluso, un *modus vivendi*. Para ello es necesario pisar la calle y sentir. Recuerdo a muchos clientes comentando, a menudo, la dificultad que tenían para poder comercializar con personas de origen étnico y cultural distintos. En particular parece difícil entender por qué prefieren terrenos más grandes, por qué no construyen a pesar de que han comprado terrenos, por qué les gusta celebrar el techado de sus casas (e invitar a todos los jornaleros a hacerlo) e incluso por qué ponen toritos en sus techos a modo de protección. Son factores culturales que nos llevan a entender personas y no solo ladrillos. Para conectar, primero hay que entender.

Es importante también entender que, al momento de nuestra investigación, solo el 33 % de la población en Juliaca tenía servicio de agua potable y desagüe. Era muy visible el desorden y la suciedad, agua empozada por las lluvias, falta de drenaje y, en general, bulla, polvo y barro en calles y plazas. En este contexto, atraer al auto-constructor y convencerlo de comprar lotes era un gran reto para cualquier inmobiliaria.

Luego de hacer una exploración cultural pisando las calles, sintiendo personas, entrevistando a juliaqueños en las principales avenidas de la ciudad, desarrollando talleres con pobladores locales, teniendo jornadas como «vendedores de lotes» y profundizando en las historias de vida, identificamos algunos factores claves del julia-queño: estaba cansado de vivir en el barro, en el desorden y el caos, entre el polvo y el ruido de una ciudad que empolva el espíritu de cre-cimiento. El hecho de vivir en desorden había hecho que el juliaque-ño se aislara y no compartiera. La ausencia de parques, áreas verdes o lugares públicos para pasear y compartir había gestado un ju-liaqueño receloso y ciertamente defensor de lo propio por sobre lo colectivo.

Los *insights* revelados

En estas profundizaciones se encontraron *insights* muy relevantes en cuanto al *modus vivendi* en Juliaca, y que muchas veces pasan desapercibidos por centrarnos o en lo que la data nos dice o en los propios prejuicios que poseemos.

En realidad, más que vivienda, se demandaba un nuevo modo de vivir: «Busco tranquilidad en medio de tanto ruido; quiero vivir a la altura de mi crecimiento y no en una ciudad derruida por el olvido». En cierta forma, estos ciudadanos querían «dejar de ensu-ciarse» los zapatos en el barro de la ciudad para empezar a «caminar con dignidad» y con la frente en alto sobre pistas asfaltadas, con postes de alumbrado público, drenaje pluvial, parques cuidados y terrenos propios. En cierta forma, querían dejar de «embarrarse» en el caos de la ciudad para poder pisar fuerte en sus propias casas.

En cierta forma, estos autoconstructores y sus familias no optaban únicamente por la compra de una vivienda, sino por una nueva forma de vivir. Desde una óptica cultural: dejar de vivir en una ciudad que no genera orgullo, sino que más bien deprime y estresa, a vivir en «una nueva Juliaca en cambio». En cierta forma, la industria inmobiliaria se encuentra aquí con historias fundacionales que recuerdan el valor de los nuevos comienzos o inicios. En cierta forma, con un terreno, el autoconstructor «pone la primera piedra» de su nueva vida. Se trataba de conectar con historias de iniciación y fundación.

Otro elemento interesante tenía que ver con la cultura del ocultamiento: la riqueza es algo que no se debe mostrar por fuera ni presumir con otros. Los bienes y la riqueza no se guardan en el banco, se guardan del ojo ajeno. Muchos de los comerciantes que entrevistamos se mostraron recelosos. Sus casas no decían por fuera lo que ellos eran por dentro. Por fuera se veían paredes sin tarrajear y fierros a la vista, con aspecto aún muy desprolijo. Pero por dentro podía verse comerciantes orgullosos, emprendedores bastante bien afiatados. Más allá de las consideraciones económicas (casa terminada = más impuestos que debo pagar), había aquí una necesidad de privacidad que podría ser importante de cara a comunicar una urbanización cerrada y «oculta» a los ojos de los demás.

Otro *insight* cultural importante tenía que ver con la cultura de la informalidad, la misma que también era visible en las calles y en el transporte público. En Juliaca las reglas se cumplían o incumplían según la conveniencia y sentido de oportunidad. Aquellos que las infringen para evitar pagar impuestos son aceptados, pero quienes asaltan o roban el comercio y sudor ajeno, son penados hasta con linchamiento público. Los carteles de «Al que veamos robando lo masacramos» eran un constante recordatorio del carácter fuerte del poblador juliaqueño. Claramente, la desconfianza era un factor importante para cualquier inmobiliaria, y ganarse el respeto y la consideración de estos pobladores era un paso necesario para la generación de relaciones comerciales.

La estrategia de conexión cultural aplicada

Los *insights* revelados ayudan a entender que, en muchas regiones del país, las casas responden a la lógica cultural de sus pobladores: lo que importa es el espacio amplio y portentoso, más que la estética: «A más pisos y más metros, más exitoso soy y más grande me van a ver». El crecimiento económico se refleja en el espíritu de orgullo de sus pobladores, aunque ello no necesariamente se refleje en sus calles o viviendas. Aquí hay una tremenda oportunidad de conexión. En otras palabras, se trataría de trasladar este sentido de #PensarEnGrande del negocio a la propia ciudad o forma de vivir. Cansados de vivir en el barro, el desorden, el caos, el polvo y el ruido de una ciudad que empolva el espíritu de crecimiento, muchos de los autoconstructores necesitan un nuevo comienzo, o, mejor dicho, empezar de nuevo en la «tierra prometida». En realidad, más que vivienda, se demanda un nuevo modo de vivir.

Los aprendizajes

Con base en estos *insights* culturales, la industria de la construcción debe preguntarse lo siguiente: ¿cuál es el impacto que queremos dejar en las ciudades, más allá de la urbanización y construcción de terrenos?, ¿qué valores quieren dejar y cuál es el legado cultural en las regiones? Es claro que estamos ante una industria que impacta fuertemente en la vida de sus ciudadanos y cuya herencia es bastante más que cemento o ladrillo. Tal vez nos encontramos frente a una industria del crecimiento personal/humano y no solo de autoconstrucción. Las mejores historias de progreso se inician en terreno firme y con título propio.

Estas experiencias nos recalcan también la importancia de que los ejecutivos y responsables de la industria sean partícipes del contexto social y cultural en el que se desenvuelven sus marcas, para así lograr la comprensión a profundidad de los significados culturales adscritos a productos y servicios, que sin duda son decisivos para fortalecer relaciones con las audiencias y construir marcas sustentables. Como señala el exdirector de Nestlé, Paul Bulcke (León & Townsend, 2010): «No hay nada más peligroso para un ejecutivo que un escritorio con buena vista». ¡Lo suscribimos!

CAPÍTULO 11

EL *INSIGHT* Y LA DISRUPCIÓN CULTURAL

El otro principio fue el de considerar siempre el Perú como una fuente infinita para la creación… No, no hay país más diverso, más múltiple en variedad terrena y humana.

José María Arguedas

Por: Marlene Chocce Silva
Insight leader & cultural strategist, Consumer Truth

Hablar del consumidor a veces puede ser mucho más complejo de lo que usualmente hemos aprendido y esperamos. Eso nos da el reto hoy, y desde hace un tiempo ya, de replantearnos ciertos enfoques para un mayor entendimiento de lo que hay más allá del término. Dialogar sobre consumidores implica en primer lugar centrarnos en que son personas que están enmarcadas dentro de contextos o entornos, de culturas, de códigos de interacción, de simbolismos y de valores.

Y es que muchas veces nos hemos dedicado a entender el acto de consumo de manera segmentada, productiva y funcional, dejando de lado todo el ecosistema que involucra y en el cual está sumergido. Por tanto, entender el consumo es comprender la práctica colectiva que trae y linquearla con las realidades sociohistóricas en las cuales está inscrita (López & Torres, 2014).

Para llegar a este objetivo, se han creado diversas prácticas que permiten conversaciones entre distintas áreas del conocimiento; una de ellas es el puente que ha hecho la comunicación con otras ciencias sociales. Partiendo de ello es que Guglielmucci (2015) menciona que la antropología ha tomado a la publicidad como objeto de estudio etnográfico, y la publicidad ha incorporado herramientas metodológicas de la antropología para acercarse a la comprensión del comportamiento de los consumidores.

Curiosamente, cuando a veces pensamos en etnografía, se nos vienen a la mente las imágenes de grupos de personas exóticas y lejanas; sin embargo, la literatura nos menciona que a partir de los años cuarenta la antropología y las demás ciencias sociales se distancian de aquella noción y se acercan al estudio de lo urbano, de modo que a fines del siglo XX se convierte en una herramienta que va tomando mayor consideración en la investigación de mercados y el desarrollo de las marcas. De esta manera, se van reencontrando las virtudes de la etnografía en la construcción del *know how*, al identificar que esta metodología genera un conocimiento contextual y validado mediante el diálogo, entendiendo al consumidor y al mercado desde las dimensiones más subjetivas de quienes lo viven (González & García, 2019).

Por ello, la etnografía le propone al ejercicio publicitario y de negocios, adentrarse al cúmulo de vivencias cotidianas para encontrar elementos comunes que surgen en las configuraciones sociales, buscando los discursos comunicativos que estén más alineados entre quienes emiten los mensajes, como entre quienes los reciben y traducen en su propio lenguaje (López & Torres, 2014).

Esta es la mirada que tenemos desde Consumer Truth, la misma que compartimos con la comunidad *insighter* y con nuestros clientes. Definitivamente, el plantearnos estrategias enraizadas en la cultura nos da algunas ventajas, como construir una visión integral del consumidor, muchas veces visto como un ente solitario y poco entendido como un ser social y cultural que puede influenciarse e influenciar en diversos factores. Y lo segundo es lograr una aproximación a las personas en circunstancias naturales, es decir, en contextos reales, tal cual viven.

Sucede que, así como construimos la noción de uno mismo en relación con el rol del otro, lo mismo ocurriría con las marcas, las cuales cobran relevancia e identidad en función de las tribus que las van adoptando y atribuyendo significados a partir no solo de características psicológicas individuales, sino, además, de apropiaciones culturales. Por ello, es necesario que nuestra industria profundice y se pregunte de manera genuina dónde estamos hoy para la gente desde una perspectiva cultural.

Cuando nos ha tocado viajar a distintas ciudades del Perú y Latinoamérica, hemos ido con la mirada puesta en descubrir estas otras formas de comprensión del mundo que constituyen lógicas y consensos sociales, pero no solo desde un enfoque diagnóstico o descriptivo, sino para darle una mirada más prospectiva, incluso de las tendencias sociales y del comportamiento. Ponemos énfasis, entonces, en que no solo se trata de analizar las motivaciones y las expectativas de las personas, sino que es necesario accionarlas de manera efectiva y sostenible.

Para poner en práctica esta propuesta, en Consumer Truth hemos desarrollado dos *frameworks* que nos permiten aterrizar y accionar la estrategia de marca en base a la profundización, es decir, de esos «por qué» ocurren tales comportamientos sociales y su relación con un servicio o producto.

Cultural audit: el diagnóstico desde la cultura

Para este ejercicio, partiremos por saber cuál es el problema estratégico, es decir, culturalmente qué es lo que está deteniendo la conexión de nuestro producto o servicio con las personas. Aquí es importante tener en cuenta que, si estamos hablando desde una perspectiva humana, entonces el enfoque estará centrado en las personas, contemplando sus prácticas, valores, actitudes y formas sociales. Por tanto, este problema estratégico no es táctico necesariamente, no es un problema de *marketing per se*.

Cuando a veces nos preguntamos qué rol simbólico tenemos en la vida de la gente, nos quedamos en lo que esta hace literalmente con nuestro producto o servicio. Para efectos del *cultural audit*, se trata de profundizar más en los roles simbólicos emocionales desde la mirada de la cultura. Por ejemplo, si pensamos en un sazonador, creeríamos que su rol es el de sazonar comidas o acompañar la mesa; sin embargo, si escarbamos un poquito más en el sentir de las personas, probablemente encontremos que el sazonador podría ser, más bien, un reivindicador de nuestra identidad culinaria. Por ello, obtenemos un arquetipo colectivo que se ancla no en el personaje figurativo de la marca, sino en los valores que representan para las personas a partir también de los valores compartidos o no con ellos.

De manera similar, nos permitimos construir el territorio mental que obedece a la necesidad cultural que satisfacemos (ojo, no es una necesidad funcional). Probablemente, cuando lleguemos a este punto, encontraremos estos frenos que por lo general son valores, creencias o actitudes que terminan distanciando la marca de la cultura, y podremos identificar también estos gatillados que nos acercan y nos permiten conversar bajo los mismos códigos sociales.

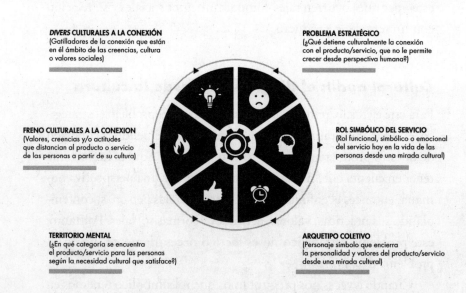

DIVERS CULTURALES A LA CONEXIÓN
(Gatilladores de la conexión que están en él ámbito de las creencias, cultura o valores sociales)

PROBLEMA ESTRATÉGICO
(¿Qué detiene culturalmente la conexión con el producto/servicio, que no le permite crecer desde perspectiva humana?)

FRENO CULTURALES A LA CONEXION
(Valores, creencias y/o actitudes que distancian al producto o servicio de las personas a partir de su cultura)

ROL SIMBÓLICO DEL SERVICIO
(Rol funcional, simbólico o emocional del servicio hoy en la vida de las personas desde una mirada cultural)

TERRITORIO MENTAL
(¿En qué categoría se encuentra el producto/servicio para las personas según la necesidad cultural que satisface?)

ARQUETIPO COLETIVO
(Personaje símbolo que encierra la personalidad y valores del producto/servicio desde una mirada cultural)

Gráfico 26. *Cultural audit*

Cultural truth: el modelo de conexión a partir de la cultura

Como ya tuvimos nuestro diagnóstico cultural, lo que nos toca ahora es construir la estrategia de conexión a partir de aquello que la gente y la calle no ha hablado. El primer reto que tenemos aquí es generar una disrupción de la categoría, esto es, determinar el nuevo rol que nuestro producto, servicio o marca va a desempeñar en la vida de las personas. En el caso del sazonador que comentábamos anteriormente, una disrupción podría ser el pasar de condimentos naturales que dan sabor a nuestras comidas a ser una sazón que fortalece nuestra autoestima y orgullo de peruanos.

Evidentemente, es importante tener claridad en los valores que vamos a defender o los ideales que vamos a compartir. Ello se convierte en ese *reason to believe,* pero no del consumidor, sino de la ciudadanía. Tener este propósito y posición definidos desde la cultura nos va a generar, además de relaciones más personales y socialmente significativas entre la marca y la gente, comprender que no son un conjunto de consumidores; es decir, más que construir públicos objetivos, son comunidades objetivo en donde logramos involucrarnos con su vida y todos los espectros que ello implica. Revalorizando que finalmente las personas no vivimos consumiendo, sino que solo vivimos, y en ese vivir es que ocurren hechos sociales donde se produce el consumo. Es en este sistema que estamos todos los actores. Al final, diseñar estrategias que se enraízan en las narrativas y vivencias de las personas y su entorno sociocultural, puede ser también una forma de decirle al otro «me importas», «también se trata de ti» y «gracias». Tanto empresas como consumidores/usuarios/clientes necesitamos de esto.

DISRUPCIÓN DE LA CATEGORÍA
¿Cómo va evolucionar el rol que el producto/servicio quiere ofrecer para las personas a partir de su cultura?

¿EN QUÉ CREE?
¿Cuál es el poder esperado del producto/servicio para con el ciudadano y las ideas que busca defender?

¿PARA QUÉ EXISTE?
¿Cuál es la misión esperada del producto/servicio y cuál es la posición frente a la ciudadanía a partir de su cultura?

CREDO DEL SERVICIO
¿Cuáles serian sus pilares de la nueva relación con las personas? ¿Cuáles serían los mandamientos culturales?

PROPÓSITO Y POSICIÓN
¿Qué valor e ideales buscamos defender como producto/servicio que nos ayuden a tener una relación más culturalmente significativa con los ciudadanos?

¿QUÉ HACEMOS SENTIR?
¿Qué queremos que el ciudadano sienta a partir de nuestra propuesta de valor? ¿Qué emoción queremos generar?

¿QUÉ NOS DIFERENCIA?
¿Cuáles son las credenciales de mi propuesta de valor que hacen la diferencia y conectan las personas desde su cultura?

Gráfico 27. *Cultural truth*

Este *cultural truth* nos permite acercarnos a esa mirada estratégica del panorama que tenemos actualmente y que queremos lograr a partir de lo que hemos encontrado en las historias y en la vida fuera de los escritorios. Nuestra experiencia como consultores especializados en *insights* y estrategias con calle nos reafirma que este trabajo se hace cada vez más necesario, debido a la gran desconexión que se tiene con la realidad de las personas, a quienes por lo general terminamos mirando más como consumidores que como seres humanos. Ya lo decía Guglielmucci en 2015: «La desestimación de la cultura tiene un alto costo para las marcas; ningún modelo económico o político puede prescindir de las manifestaciones culturales que dan razón del ser de la totalidad del fenómeno humano».

En Consumer Truth nos sumamos a este reto constantemente, pues creemos que para generar estrategias debemos pisar las calles —reales y virtuales—. No podemos crear desde nuestra comodidad, sino que tenemos que adentrarnos en las propias tensiones culturales que existen y en las cuales están sumergidas nuestras marcas. Y es que hablar de marcas es hablar de personas, y donde hay personas está Consumer Truth.

Epílogo

El desafío para los *insighters* y *planners*

Como se ha sostenido a lo largo del libro, para revelar *consumer insights* y accionar marcas humanas, se trata de sentir y no solo de pensar a las personas. El futuro del *marketing* estará en función de qué tanto estemos dispuestos a desnudar nuestra propia mente. Por ello, propongo este desafío a todos aquellos estrategas de marca interesados en basar su propuesta en auténticos *consumer insigths*. Lo he denominado la filosofía o manifiesto *insighter*:

1. Desnudarse para vestirse de nuevo. Desnudar la propia mente antes de desnudar la mente del consumidor. Quitarse prejuicios, estigmas, creencias, ideas preconcebidas acerca del consumidor, marca o industria que evitan «comprender» realmente.

2. Mirar el mundo con ojos de niño; es decir, recuperar la ingenuidad para observar y explorar el contexto del consumo. No presuponer. Los *insights* del consumidor pueden estar en una «lectura fresca» de lo que el consumidor nos intenta decir,

o de los símbolos que se revelan a través de las revistas, el cine, la calle, la publicidad, los espacios, etc. Volver a sorprenderse. Plantear siempre la pregunta: ¿cómo lo miraría un niño?

3. Explorar los significados ocultos del consumo y las necesidades inconscientes del consumidor, inaccesibles incluso a ellos mismos. Penetrar la mente y el inconsciente humano. El *insight* a menudo es ver lo que otros no ven, pues es inaccesible a los ojos. Supone también preguntarse por los miedos, ansiedades, conflictos o tensiones que suscitan nuestras marcas, y no solo por la aspiracionalidad, ideales, beneficios o ventajas. Explorar el *dark side* del consumo.

4. Observar más y mejor. Observar cuando nuestros consumidores compran o consumen; observar sus casas, sus calles, sus rutinas; observar sus rituales. Sin capacidad de observación, no hay *insight*. Esta observación puede hacerse en calles reales o virtuales, pero siempre saliendo de la zona de confort. No pretender que el consumidor venga a nuestro mundo, sino nosotros ir a sus hogares, casas, calles y mundo.

5. «Tener calle» y vivir la «calle del consumidor». Salir del escritorio y volver a los orígenes, volver a ser una «persona común». El exdirector de Nestlé Perú, Paul Buckley, decía que «no hay peor peligro para un ejecutivo que un escritorio con buena vista». Si no nos despegamos de nuestra propia realidad, jamás podremos descubrir la realidad de nuestros consumidores.

6. Confiar en la propia intuición u olfato, y no solo en la propia razón o lógica. Atreverse a sentir, a oler, a nadar en la subjetividad humana y proponer historias que conecten a partir de ellas. La intuición es la base del *insight*: «En un mundo de tanta razón, deja de pensar y ¡siente!». Atreverse a sentir es el primer (gran) paso.

7. Aprender a escuchar y a preguntar. Profundizar en las razones del consumo: por qué, por qué y por qué. Para «cazar»

insights hay que saber leer entre líneas. No se puede pretender entender con solo escuchar al consumidor detrás de un espejo. ¡El trabajo de construcción de *consumer insights* requiere interpretación! Y el trabajo de gestación de estrategias basadas en ellos sugiere mucha capacidad para repensar.

8. Replantear el problema desde una mirada ecléctica de los métodos de investigación del consumidor, es decir, mirar ángulos no considerados normalmente. Cuestionar lo ya evidente, lo ya dado, lo convencional, lo clásico: mirar «frescamente».

9. Conversar con el consumidor en foros, webs, redes sociales y en todas las fuentes digitales. El consumidor ya habla de nuestras marcas y productos, y su voz está plasmada en las redes sociales y el internet. El *insighter* debe tener la capacidad para generarlos, monitorearlos y, por supuesto, interpretarlos.

10. Dejar de vender y empezar a conectar. Dejar de gestar transacciones, y gestar relaciones. ¡Mirar el largo plazo! Sintonizar con el consumidor desde la propia voluntad o disposición para mimetizarse con él, a sentir como él, a pensar como él. ¡Si no conectamos, no entendemos!

11. No quedarse con las verdades humanas o del consumidor; ahondar en las verdades de la marca y la categoría. Explorar la industria. No quedarse en las verdades del hoy (presente), sino explorar las tendencias del futuro, lo que se viene, lo que pasará mañana.

El desafío está servido. En aras de generar impacto, reinventar nuestras marcas y hacer negocio, no solo debemos conocer los pensamientos, sentimientos o comportamientos más profundos del consumidor (*insights*), sino lograr niveles de mayor intimidad. Apostar por una relación, y no solo por una transacción; así como gestar una relación, y no solo una transacción. En esta medida, el gran desafío que todos los profesionales del *marketing* tenemos se centra en conectar, más que en vender. Gestar planeamiento estratégico para nuestras marcas desde, para y por las personas. «Desnuden la mente de sus consumidores, pero, sobre todo, ¡desnuden su propia mente!».

Referencias
bibliográficas

Capítulo 1

Spence Jr, R. & Rushing, H. (2011). *It's Not What You Sell, It's What You Stand For: Why Every Extraordinary Business Is Driven by Purpose*. Portfolio Trade.

Capítulo 2

Aburdene, P. (2006). *Megatendencias 2010: el surgimiento del capitalismo consciente*. Grupo Editorial Norma.

Asociación Española de Anunciantes (2009). *Eficacia 09-XI. Edición Premios a la Eficacia en Comunicación Comercial*. Efkcia. http://www.premioseficacia.com/files/lista_larga09.pdf

Cirque du Soleil. (2011). *Cirque du Soleil: Around the world*. Cirque du Soleil. http://www.cirquedusoleil.com/es/welcome.aspx?change-country-language=true

Gobé, M. (2001). *Emotional Branding: The new paradigm for connecting brands to people*. Allworth Pres.

Kartajaya, H., Kotler, P. & Setiawan, I. (2010). Marketing 3.0: From Products to Customers to the Human Spirit. En Kartikeya Kompella (ed.), *Marketing Wisdom. Management for Professionals.* Springer.

Capítulo 3

Bembos. (s.f.) *Crea tu Bembos.* Bembos. https://www.bembos.com.pe/

Hickey, K., Jenkinson, D. & Leddie, D. (2006). Trasplante cardíaco. Ubicar a los consumidores en el corazón del negocio. Datos, diagnósticos y tendencias. Revista Amai.

Joia Magazine. (2009). Crea la publicidad de cerveza Corona. *Joia.* http://www.joiamagazine.com/ganadores-concurso-crea-la-publicidad-de-cerveza-corona/

KraftPeru (2012, 16 de octubre). *Caso de Éxito Cua-Cua Kraft-Digi's 2012* [video]. Vimeo. http://vimeo.com/51503038

NjHaley (2007). *iPodTocuh Ad-Nick Haley* [video]. YouTube. http://www.youtube.com/watch?v=KKQUZPqDZb0

Volkswagen de México (2013, 21 de abril). *El poder de la innovación* [página de Facebook]. Facebook. https://www.facebook.com/VolkswagenMexico/posts/516404875083968

Capítulo 4

Bhattacharya, J. & Sandkühler, S. (2008). Deconstructing Insight: EEG Correlates of Insightful Problem Solving. *Plos One 3*(1), 1-12. https://journals.plos.org/plosone/article?id=10.1371/journal.pone.0001459

Bowden, E & Jung-Beeman, M. (2007). Methods for investigating the neural components of insight. *Methods, 42*(1), 87-99. 10.1016/j.ymeth.2006.11.007

Chronicle, E., MacGregor, J. & Ormerod, T. (2004). What makes an *Insight* problem? The role of Heuristics, Goal Conception and solution recoding in knowledgelean problems. *Journal of Experimental Psychology: Learning, Memory and Cognition, 30*(1), 14-27. 10.1037/0278-7393.30.1.14

Dill, W. (1908). *The psychology of advertising. A simple exposition of the principles of psychology in their relation to successful advertising.* Small, Maynard & Company.

Dichter, E. (1969). *Las motivaciones del consumidor.* Editorial Sudamericana.

Finesinger, J. & Reid, J. (1952). The Role of Insight in Psychotherapy. *American Journal of Psychiatry, 108*(10), 726-734. https://ajp.psychiatryonline.org/doi/epdf/10.1176/ajp.108.10.726

Fenichel, O. (1942). Insight and Distortion in Dreams. Thomas M. French. Int. J. Psa., XX, 1939. *The Psychoanalytic Quarterly, 11*(1), 287-298. https://www.tandfonline.com/doi/epdf/10.1080/21674086.1942.11925490?needAccess=true

Friedmann, D. (1986). Homo Psicologicus: Entrevista a Robert Castel. *Revista de la Asociación Española de Neuropsiquiatría, 6*(18), 454-462.

Katona, G. (1960). *The powerful consumer: Psychological studies of the American economy.* McGraw-Hill.

Keynes, J. (1936). *The General Theory of Employment, interest and money.* Palgrave MacMillan.

Klein, M. (1984). *Psicoanálisis del desarrollo temprano.* Paidós.

Knoblich, G., Ohlsson, S. & Raney, G. (2001). An eye movement study of *Insight* problem solving. *Memory & Cognition, 29*(7), 1000-1009.

Köhler, W. (1969). *The task of Gestalt psychology.* Princeton University Press.

Lazarsfeld, P. (1940). *Radio and the Printed Page. An introduction to the Study of Radio and its Role in the Communication Ideas.* Rockefeller Foundation.

Martineau, P. (1958) The personality of the retail store. *Harvard Business Review, 36*(1), 47-55.

Palma, B. & Cosmelli, D. (2008). Aportes de la Psicología y las Neurociencias al concepto del Insight: la necesidad de un marco integrativo de estudio y desarrollo. *Revista Chilena de Neuropsicología, 3*(2), 14-27. https://www.redalyc.org/pdf/1793/179317751003.pdf

Ramírez, C. & Valdivieso, S. (2002). El insight en psicoanálisis y sus dimensiones. *Revista Chilena de Neuropsiquiatría, 40*(4), 371-380.

Ries, A. & Trout, J. (1979). *Positioning: the battle for your mind.* MacGraw-Hill.

Schiffman, L. & Kanuck, L. (1991). *Comportamiento del consumidor.* Prentice-Hall.

Solomon, M. (2008). *Comportamiento del consumidor: comprar, tener y ser.* Pearson Education.

Watson, J. (1930). *Behaviorism.* W.W. Norton and Company.

Capítulo 5

Amstrong, G. & Kotler, P. (2002). *Fundamentos de Marketing* (6.ª ed.). Pearson Education.

Baskin, M. (2001). *What is Account Planning? (and what do Account Planners do exactly?).* Account Planning Group London. https://www.apg.org.uk/single-post/2001/04/02/what-is-account-planning-and-what-do-account-planners-do-exactly

Bond, J. (2008, setiembre). *Turning Consumer Insights into Commercial Success* [sesión de conferencia]. Insights: Razones o Emociones. Conferencia efectuada en la reunión del Congreso AMAI 2008, México D. F., México.

Carroll, R. (2011, 14 de mayo). *Transforming a Global Brand: News from the Front* [sesión de conferencia]. 7.th Annual Customer Insights Conference. Connecticut, EE. UU.

Copeland, J. & Forsyth, J. (2011). How to turn *consumer insights* into profitable action. *Forbes.* http://www.forbes.com/sites/mckinsey/2011/11/22/how-to-turn-consumer-insights-into-profitable-action/

Dulanto, C. (2010). *El Insight en el Diván. Una radiografía a la publicidad.* Universidad de San Martín de Porres.

European Society for Opinion and Marketing Research. (2008). *Global Market Research.* Esomar.

Fortini-Campbell, L. (2001). *Hitting the Sweet Spot: How Consumer Insights Can Inspire Better Marketing and Advertising.* The Copy Workshop.

García Guardia, M. (2009).El planner, clave de la publicidad eficaz. Estratega y orientador de creatividad. *Economía Industrial, 373*(1), 97-210.

Ghio, M. (2009). *Oxitobrands.* Gräal.

Hackley, C. (2003). From consumer insight to advertising strategy: theaccount planner's integrative role in creative advertising development. *Marketing Intelligence & Planning, 21*(7), 446-452.

Isaza, J. (2009, 23 de junio). *¿Alguien me puede decir qué diablos es un insight?* [presentación de diapositivas]. Slideshare. http://www.slideshare.net/juanisaza/alguien-me-puede-decir-qu-diablos-es-un-insight

Kerner, D. (2004). *Posicionamiento* [presentación de diapositivas]. Slideshare. http://www.slideshare.net/ditellamarketingclub/posicionamiento-the-brandgym-diego-kerner

Kotler, P., Lane, K., Cámara, D. & Mollá, A. (2006). *Dirección de Marketing* (12.ª ed.). Pearson Prentice Hall.

Law, S. (2009). *A look at insights - what defines them, how they manifest well and what to avoid* [presentación de diapositivas]. Slideshare. http://www.slideshare.net/splaw/insights-presentation/

Leapfrog Strategy Consulting. (2011). *Consumer Insights: Getting Beyond the Myths to the Real Thing.* Leapfrog Strategy Consulting. http://www.leapfrogstrategy.com/pdf/Consumer_Insights-Getting_beyond_myths_to_the_real_thing_a3.pdf

López, B. (2007). *Publicidad emocional: Estrategias creativas.* Esic Editorial.

Palacio del Hierro. (n.d.). *Palacio de Hierro.* http://www.elpalaciodehierro.com.mx

Parra, D. (2006). *El hábito de innovar.* Aguilar.

Phillips, C. (2007). *Insightful? Or Just Interesting? How to Identify a Brand-Building Home Run.* Brand Amplitude. http://www.brandamplitude.com/perspectives/insights/item/insightful-or-just-interesting-how-to-identify-a-brand-building-home-run

Puri, A., Raj, S. & Srivatsa, A. (2007). *The case of the elusive insight: Lessons from the greatest researcher of them all* [ponencia]. Consumer Insights. Esomar, Milán, Italia.

Sawhney, M. (2003). *Research that produce Customer Insights.* Manyworlds. http://www.manyworlds.com/logContent.aspx?to=coViewURLLink&coid=CO12803135215

Smith, D. (2008, setiembre). *The journey from Market Reserch to evidence based business consultancy* [sesión de conferencia]. Insights: Razones o Emociones. Conferencia efectuada en la reunión del Congreso AMAI 2008, México D.F., México.

Soler, P. (1993). *La Estrategia de la Comunicación Publicitaria: El Account Planner.* Feed-Back.

Capítulo 6

Caracol3000. (2010). *Maggi 2010-HD* [video]. YouTube. http://www.youtube.com/watch?v=j_Ma1sfRTv4

Dru, J. (2007). *How Disruption Brought Order: The Story of a Winning Strategy in the World of Advertising.* Palgrave Macmillan.

Effie Argentina. (2006). *EffieAwards.* http://effieargentina.com.ar/effie2006/ganadores/index.html

Effie Argentina. (2012). *EffieAwards.* http://effieargentina.com.ar/effie2010/ganadores/index.html

Effie Perú. (2012). *EffieAwards.* http://www.effie-peru.com/html/main.htm

Fortini-Campbell, L. (2001). *Hitting the Sweet Spot: How Consumer Insights Can Inspire Better Marketing and Advertising.* The Copy Workshop.

Jameson, L. & Scarpelli, B. (2010). La creatividad social. DDB.

JaviVF. (2007). *Anuncio detergente Ala* [video] YouTube. http://www.youtube.com/watch?v=JiV8UERIbMY

Kerner, D. (2004). *Posicionamiento* [presentación de diapositivas]. Slideshare. http://www.slideshare.net/ditellamarketingclub/posicionamiento-the-brandgym-diego-kerner

Nrodoni. (2009). *Twistos Pájaro carpintero* [video]. YouTube. http://www.youtube.com/watch?v=WcBuWgGOu6g

Parra, D. (2006). *El hábito de innovar.* Aguilar.

Roberts, K. (2004). *Lovemarks: The future beyond brands.* Power House Books.

Sánchez, C. (2009). The origin of Account Planning: the consumer knowledge management in advertising agencies. *Communication & Sociaty, 2*(17), 187-219.

Sanfernandoperu1. (2011). *San Fernando: Uniendo a las familias auténticas* [video]. YouTube. http://www.youtube.com/watch?v=D_98XT_u8oE

Steel, J. (1998). *Truth, Lies and Advertising.* The Art.

Capítulo 7

European Institute for Brand Management (2009). *Brand Positioning Statement.* EURIB. https://www.gfk.com/brand-and-marketing-performance/brand-intelligence/brand-positioning

European Institute for Brand Management (2011). *Brand key model.* EURIB. https://www.eurib.net/brand-key-model/

TEDxTalks. (2009). *TEDxPugetSound-SimonSinek* - 9/17/09 [video]. YouTube. http://www.youtube.com/watch?v=u4Zo-JKF_VuA&utm_source=buffer&buffer_share=2d42b

Capítulo 8

Bar Din, A. (2001). *La prueba del Test de Rorschach: Un manual de aplicación pluricultural.* Siglo XXI Editores.

Bell, J. (1951). *Técnicas Proyectivas.* Paidós.

Boddy, C. (2005). Projective techniques in market research: valueless subjectivity or *insightful* reality? *International Journal of Market Research, 47*(3), 239-254.

Bowers, A., Bronner, A. & Healy, W. (1930). *The Structure and Meaning of Psychoanalysis.* Alfred Knopf, Inc.

Effie Argentina. (2009). *Effie Awards.* http://www.effieargentina.com.ar/effie2009/ganadores/index.html

Effie Argentina. (2012). *Effie Awards.* http://effieargentina.com.ar/effie2010/ganadores/index.html

Fernández, R. (1980). *Psicodiagnóstico, concepto y metodología.* Ediciones Cincel.

Freud, S. (1896). *A propósito de las críticas a la neurosis de angustia.* Amorrortu.

Gold's Gym Perú. (2012). *Gold'sGym.* http://www.goldsgymperu.com/

Instituto Cultural Peruano Norteamericano. (2012). *ICPNA.* http://www.icpna.edu.pe/

Jung, C. (1954). *Los arquetipos y lo inconsciente colectivo.* Princeton University Press.

Klein, M. (1984). *Psicoanálisis del desarrollo temprano.* Paidós.

Lezama, P. (2009, 30 de diciembre). Las marcas sinceras: un lindo deseo para el 2010. *Clarín blog* http://weblogs.clarin.com/cultura-de-marcas/2009/12/30/las_marcas_sinceras_un_lindo_deseo_para_el_2010/

Mariampolski, H. (2001). *Qualitative Market Research.* Sage Publications.

Martínez, C., Oliva, I. & Uribe, R. (2006). Buscando el insight del consumidor: técnicas proyectivas usos y limitaciones. *Revista Economía y Administración, 153*, 42-48.

Siluetayalma. (2009). Belleza real y autoestima [video]. YouTube. https://www.youtube.com/watch?v=C5geljvs1EE

Zaltman, G. (1997). Rethinking Market Research: Putting People Back In. *Journal of Marketing Research, 34*, 424-437.

Zaltman, G. (2003). *How Customers Think: Essential Insights into the Mind of the Market.* Harvard Business School Press.

Capítulo 9

Burnett, J., Moriarty, S. & Wells, W. (2005). *Advertising: Principles and Practice* (7.th ed.). Prentice Hall.

Cosmelli, D. & Palma, B. (2008). Aportes de la Psicología y las Neurociencias al concepto del Insight: la necesidad de un marco integrativo de estudio y desarrollo. *Revista Chilena de Neuropsicología, 3*(2), 14-27.

Dru, J. (2007). *How Disruption Brought Order: The Story of a Winning Strategy in the World of Advertising.* Palgrave MacMillan.

Household (2010). Cajas de limpieza y la emoción. *Revista Household & Cosméticos. 10*(60). http://www.freedom.inf.br/revista/HC60/household.asp

Kartajaya, H., Kotler, P., & Setiawan, I. (2010). *Marketing 3.0: From Products to Customers to the Human Spirit.* John Wiley & Sons Inc.

Polizzi, P. (2009). *El vínculo: esencia del consumo* [presentación de diapositivas]. Slideshare. http://www.slideshare.net/ppolizzi/el-vnculo-esencia-del-consumo

Royal Society of Account Planning. (2009, 9 de julio). La importancia de los arquetipos en el branding. *Colectivo Planner Blog* http://colectivoplanner.wordpress.com/2009/07/09/la-importancia-de-los-arquetipos-en-el-branding/

Umaña, R. (2008). *¿Qué #$ % % es planning y para qué sirve?* [presentación de diapositivas]. Slideshare. http://www.slideshare.net/rogeliou/presentacin-clandestinaslideshare

Umaña, R. (2008). *Manos al insight* [presentación de diapositivas]. Slideshare. http://www.slideshare.net/rogeliou/taller-de-insights-tercera-semana-presentation

Zaltman, G. & Zaltman, L. (2008). *Marketing Metaphoria: What Deep Metaphors Reveal About the Minds of Consumers.* Harvard Business School Press.

Capítulo 10

Badot, O., Carrier, C., Cova, B., Desjeux, D. & Filser, M. (2009) The contribution of Ethnology to research in *consumer* and shopper behavior: towards Ethnomarketing. *Recherche et Applications en Marketing, 1*(4), 93-111.

Carroll, R. (2011, 14 de mayo). *Transforming a Global Brand: News from the Front* [ponencia]. 7.th Annual Customer Insights Conference, Connecticut, EE. UU.

Foucault, M. (1990). *Tecnologías del yo.* Paidós.

Gil, V. & Romero, F. (2008). *Crossumer: Claves para entender al consumidor español de nueva generación.* Gestión 2000.

Law, S. (2010). *Great vs. Good* [presentación de diapositivas]. Slideshare. https://www.slideshare.net/splaw/great-vs-good

León, A. & Townsend, A. (2010, 28 de agosto). *Entrevista a Paul Bulcke: El éxito radica en viajar y hablar directamente con tu gente* [entrevista]. El Comercio.

Martín, A. & Vite, E. (2001). Enriqueciendo la investigación cualitativa a través de la etnográfica. *Datos, Diagnósticos y Tendencias, 8*(29), 41-48.

Mc. Cracken, G. (2012, 18 de junio). Innovation, ethnography, culture and thecorporation. *Cultureby Blog.* http://cultureby.com/ethnography

Morling, E. (2009, 11 de noviembre). Consumer Centric Brand Management. *Tibaling Blog.* http://tribaling.typepad.com/my_weblog/2009/11/consumer-centric-brand-development-a-review.html

Páramo, D. (2000). La etnografía, una aproximación antropológica al estudio del comportamiento del consumidor. *Revista Colombiana de Marketing, 1*(1), 1-23.

Rowland, G. & Cír, J. (2007). Warm vodka and sweaty women: Changing *consumer* behavior in Russia. *ESOMAR: Consumer Insights* 2007, 1-17 http://www.dolcera.com/wiki/images/Cb_russia.pdf

Capítulo 11

González, C. & García, D. (2019). El recurso del consumidor: La puesta en valor de la etnografía del consumo en la investigación de mercados. *Revista Uruguaya de Antropología y Etnografía, 4*(2), 73-84. http://www.scielo.edu.uy/pdf/ruae/v4n2/2393-6886-ruae-4-02-53.pdf

Guglielmucci, A. (2015). Publicidad, antropología y etnografía del consumo: coqueteos actuales entre disciplinas divergentes.

Poliantea, 11(21), 41-58. https://journal.poligran.edu.co/index.php/poliantea/article/view/703

López, Z. & Torres, I. (2014). La reflexividad etnográfica como soporte investigativo en las acciones publicitarias. *Anagramas, 12*(24), 59-69. https://revistas.udem.edu.co/index.php/anagramas/article/view/850/798